Ines Leue

Finde dein inneres Kind in dir

Heilende Übungen,
Meditationen und Geschichten,
um dein inneres Kind wahrzunehmen
und dich wieder liebevoll zu verbinden

Bibliographische Information der Deutschen Nationalbibliothek
Die Deutsche Nationalbibliothek verzeichnet diese Publikation in der deutschen Nationalbibliographie; detaillierte bibliographische Daten sind im Internet über http://dnb.d-nb.de abrufbar.

Autor des Buches: Ines Leue

Layout und Satz des Buches: Angelina Schulze

Korrekturlesen: Gitte Gärtner

Umschlaggestaltung: © Angelina Schulze

Coverbild: © onedayiwillWIN - Adobe Stock

Bilder im Buch: © kid_a – Adobe Stock (Herzen und Schnörkel)

Verlag: Angelina Schulze Verlag
Am Mühlenkamp 15, 38268 Lengede
verlag@angelina-schulze.com
https://angelina-schulze-verlag.de

1. Auflage Juli 2021: ISBN 978-3-96738-159-7

2. Auflage Mai 2023: ISBN 978-3-96738-255-6

Inhaltsverzeichnis

Einleitung

Ich freue mich, dass du hier bist. Wir gehen ein Stück gemeinsam. Das mag sich komisch anhören, weil wir uns nicht sehen. Aber es ist nicht wichtig, ob wir uns mit unseren physischen Augen sehen. Viel wichtiger ist es, dass wir uns innerlich verbinden und so gemeinsam fühlen können.
Ja, es geht in erster Linie um das Fühlen. Um ein Wahrnehmen dessen, was in dir ist und was du zu fühlen verlernt hast.
Wieder mag es sich komisch anhören und vielleicht ein wenig absurd, dass du verlernt haben sollst, zu fühlen. Aber die meisten von uns Menschen haben keinen direkten und eindeutigen Kontakt mehr zu sich und ihrem Biofeedbacksystem, dem Körper. Sie haben verlernt, im tiefsten Inneren auf sich zu hören. Denn das funktioniert nur, wenn sie sich spüren können. Dafür haben wir unseren Körper, denn er gibt uns eindeutige Signale, ob es uns gut geht oder nicht. Wir müssen nur auf sie achten und sie umsetzen, in Wort und in Tat. Vielleicht fragst du dich, warum wir das nicht tun? Die Antwort darauf ist folgende: Wir ignorieren unsere Gefühle, weil wir ihnen nicht mehr den Wert geben, den sie haben oder den sie mal hatten. Wir wollten vergessen, wieviel Wert sie sind. Das mussten wir auch, damals, als wir klein waren.
Wir haben uns dafür entschieden, etwas von uns wegzudrängen, weil wir Angst hatten, nicht mehr dazuzugehören. Wir glaubten, ein bestimmtes Verhalten sei erwünscht, und ein anderes Verhalten sei nicht erwünscht. Das erwünschte Verhalten haben wir geübt, damit wir die Liebe bekommen, von der wir dachten und immer noch denken, dass wir sie brauchen. Das unerwünschte Verhalten haben wir uns aus dem gleichen Grund abgewöhnt, so gut es eben ging.
Damit dies klappt, haben wir unsere Gefühle ignoriert, die sich im Körper äußern. Denn wenn wir sie beachten würden, müssten wir viele Dinge anders tun. Auch jetzt noch.
Wir müssten lernen, in jedem Moment in Verbindung zu sein mit uns selbst. Wir müssten Nein sagen lernen, wir müssten uns selbst lieben lernen, damit wir andere lieben können, wir müssten uns im Grunde immer authentisch zeigen. Und das fällt schwer,

weil wir Angst haben, dann nicht mehr oder gar nicht geliebt zu werden. So wie damals. Und hier schließt sich wieder der Kreis.

Vielleicht bemerkst du bereits jetzt, dass sich das alles irgendwie verkrampft anhört. Und vielleicht bemerkst du sogar in diesem Moment ein Gefühl irgendwo in deinem Körper. Du gehst in Resonanz mit dem Gelesenen.
Dein Körper meldet sich immer, auch, wenn du dich selbst missachtest oder Glaubenssätzen folgst, die weder dir noch anderen dienlich sind. Nur, dass wir in der Regel nicht mehr wissen, was uns und/oder anderen dient.
Wir müssen wieder sicherer mit uns selbst werden, damit wir fühlen können, was uns und unserem Wohl dienlich ist. Denn wenn es uns gut geht, dann können wir auch gut für andere da sein. Sonst nicht.

In diesem Buch geht es ums Fühlen und darum, wieder Bezug zur dir selbst herzustellen. Es geht somit um dich selbst. Es geht damit auch um alles, was zu dir gehört. Alle Anteile, alle Facetten, alle Gefühle, alle Gedanken, alle Erfahrungen. Alles eben.

Erschreckt dich das?

Und was meinst *du*, kennst du alle Anteile von dir?
Und wenn ja, magst du sie?

Versuche mal, eine Antwort auf die Fragen zu finden.
Was regt sich in dir, wenn ich dich frage, ob du alles von dir kennst? Und magst?

Beantworten kannst du es relativ leicht, wenn du deine Wahrnehmung auf dein Bauchgefühl ausrichtest. Fühlt es sich in dieser Gegend jetzt eher angenehm oder unangenehm an?

Vielleicht bemerkst du ein leichtes Ziehen oder Verkrampfen, vielleicht aber auch ein warmes Gefühl, was sich bis in deinen Herzraum ausdehnt.

Ein Zwicken oder Zusammenziehen deutet auf ein Unwohlsein hin, ein warmes Gefühl auf Zufriedenheit und Wohlsein.

Unwohlsein kannst du als Hinweis deuten auf ein persönliches Thema oder einen inneren Konflikt, den du dir anschauen darfst. Wohlsein zeigt dir dagegen, dass du im Frieden bist mit allem, was ist, egal, was es ist. Vor allem zeigt es dir, dass du dich magst mit allem, was sich in dir regt.

Wenn du dich also gut fühlst bei den Fragen an dich, dann wirst du dich wahrscheinlich rund und eins mit dir fühlen. Vielleicht wirst du sogar innerlich prüfen, ob du Verbindung hast zu all deinen Facetten und Anteilen.
Wenn du dich unwohl fühlst, kann es sein, dass es in dir einen Teil/Anteil gibt, den du weggedrängt hast und der somit noch nicht offiziell zu dir gehören darf. Vielleicht, weil er dich an etwas Schmerzliches erinnert.

Aber dieser Teil möchte gerne dazugehören, er möchte von dir anerkannt und integriert werden.

Vielleicht fragst du dich, was genau mit diesem Teil oder den Anteilen gemeint ist. Hier eine kurze Antwort: Es sind Gedanken, die du tief in dir über dich hegst, aber nicht magst. Es sind Gefühle, die unangenehm sind und die du deswegen nicht mehr fühlen möchtest. All dies hast du verdrängt. Vermutlich erinnerst du dich nicht mehr daran. Und vielleicht fällt dir auch deswegen zunächst nichts dazu ein. Das Wichtigste ist, dass du bereit bist, genauer hinzuspüren und aufmerksam zu sein für das, was sich in dir noch nicht rund und harmonisch anfühlt. Und ich bin sicher, dass du das willst und schaffst!

Das Buch hat zum Ziel, dass du dich mit allem, was zu dir gehört, aussöhnst und es sogar liebhast. Wie ein Kind eben.

Kinder wollen lieb gehabt werden unabhängig davon, wie sie sich verhalten. Man kann sie auch nicht weggeben, wenn sie sich mal danebenbenommen oder laut geschimpft haben.
Sie wollen *immer* liebgehabt werden.

Leider haben wir unsere inneren Kinder oft weggegeben, innerlich zumindest. Wir haben sie verdrängt. Ich könnte auch sagen, dass

wir sie verstoßen haben. Sie mussten dann in der Folge alleine zurechtkommen.
Keine schöne Vorstellung, oder?

Vielleicht zieht sich in deinem Bauch jetzt wieder etwas zusammen. Es ist ein Signal, dass dort etwas wohnt, was gesehen werden möchte.

Möchtest du es auch sehen?

Zur Kontaktaufnahme mit diesen inneren und kindlichen Anteilen beinhaltet dieses Buch eine Geschichte, die du wie einen Brief benutzen kannst und an deinen verlorenen Anteil richtest.

Damit du dich gut vorbereitet fühlst, werden hier

- Übungen und Aufgaben bereitgestellt, an denen du dich orientieren und die du durchführen kannst
- Meditationen angeboten, die du tun kannst, und
- das Angebot gemacht, deine Erfahrungen zu reflektieren und schriftlich festzuhalten

Die Kontaktaufnahme zu deinem inneren kindlichen Anteil erfolgt im Grunde die ganze Zeit, weil du dich einlässt auf die Arbeit mit dir selbst.

Und doch gilt es, diese Kontaktaufnahme ganz konkret zu gestalten und durchzuführen.
Wie das ablaufen kann, wird in der Geschichte vom „kleinen wo bist du“ beschrieben.

Lies selbst, wie das Vorwort beginnt:

.....

Die Geschichte vom „kleinen wo bist du“ ist für dich geschrieben. Für dich, von dir und an dich gerichtet. Sie ist alles auf einmal. Aber als allererstes ist sie eine Liebesgeschichte. Eine Liebeserklärung von dir und an dich selbst. Vielleicht fragst du dich, warum eine Liebesgeschichte? Schließlich werden dir beim Lesen auch mal die Tränen an deinem Gesicht herunterkullern. Und Tränen gehören doch nicht zur Liebe, oder doch?

Ja, sie gehören dazu, genau wie wir manchmal beim Lachen Tränen in den Augen haben. Wenn wir erkennen, wir sehr wir jemanden lieben, dann werden wir oft auch gleichzeitig traurig, weil wir bedauern, dass wir so lange gebraucht haben, um unsere Liebe zu entdecken, zu fühlen. Und gleichzeitig ist da so viel Dankbarkeit in uns, wenn wir lieben. Liebe und Dankbarkeit haben die gleiche hohe Schwingung.

Die Geschichte ist für alle deine Anteile geschrieben, die du im Laufe deines Lebens vergessen hast, in der Regel sind es ungeliebte Teile, die mit ungewollten Gefühlen in Zusammenhang stehen. Aber wir brauchen alle unsere Anteile und wir müssen sie alle kennenlernen, um uns ganz zu fühlen. Und wenn wir ganz sind, dann sind wir voller Liebe, voll von Liebe für uns, für das Leben, für die Schöpfung.
Die Folge davon ist, dass wir überall nur uns selbst sehen, in der Natur, in anderen Menschen, in allem, was geschieht.
Reine Liebe eben.

.....

Es kann sehr viel an Gefühl sein, auch an Ankündigung, was da wohl kommen mag in dieser Geschichte, die so reizvoll klingt.
Vielleicht kannst du es kaum abwarten, sie zu lesen.
Wenn es so ist, dann tue das.

Die Geschichte vom „kleinen wo bist du“ findest du im zweiten Kapitel.

Aber wir Menschen sind individuell, wir reagieren unterschiedlich auf Emotionen, haben ganz unterschiedliche Grenzen des Aushaltbaren und auch ein unterschiedliches Tempo in der persönlichen Entwicklung.

Manchmal haben wir Angst, uns unseren Gefühlen zu stellen, sie wirklich und vollständig zu fühlen. Deswegen verdrängen wir sie, ignorieren sie oder diskutieren sie innerlich weg.

Am meisten fürchten wir uns vor der Liebe.
Hast du damit gerechnet? Dass wir uns am meisten vor der Liebe fürchten? Schließlich wirst du dir sicher schon gewünscht haben, dass du einfach nur geliebt wirst. Unabhängig davon, wie du dich verhältst. Oder?
Also wieso solltest du Angst vor der Liebe haben, könntest du denken.

Und dennoch ist es so, wir fürchten uns vor der Liebe. Sie ist groß, allumfassend, grenzenlos, bedingungslos, sanft und voller Wärme. Und wir glauben, sie nicht verdient zu haben, tief im Inneren jedenfalls. Deswegen fürchten wir uns, und wollen gleichzeitig nicht wahrhaben, dass wir uns fürchten.
Das ist der Grund, warum sowohl die Arbeit mit dem inneren Kinder als auch die Geschichte vom „kleinen wo bist du“ manchmal bedrohlich erscheinen kann, wenn man sich ihr nicht in kleinen Schritten nähert. Denn sie lässt in dir aufsteigen, was du eben noch nicht voll und ganz lieben kannst.

Es geht immer nur um Liebe.

Liebe zu sich und zu allem, was zu einem gehört. Und das sind in der Regel die ungeliebten Gefühle, die ungeliebten Sichtweisen über sich und andere, die Angst, ganz alleine dazustehen, die Sorge, etwas falsch zu machen oder blamiert zu werden, oder tief verankerte Schuldgefühle über vergangene Fehler.
Diese Anteile hat jeder von uns, bis er bereit ist, sie zu integrieren. Sie lieb zu haben, und wenn das noch nicht geht, sie vielleicht erst einmal zu akzeptieren.

Wenn du kleine Schritte brauchst, um dich der Liebe in dir zu nähern, dann beginne dieses Buch von vorne.

Das <u>erste Kapitel</u> ist als Vorbereitung gedacht. Hier bekommst du die Möglichkeit, dich innerlich einzustellen auf das, was dir begegnen kann.

Du hast die Gelegenheit, dich mit deinen Gefühlen und inneren Prozessen zu beschäftigen, vielleicht sogar sie erst einmal richtig kennenzulernen.
Und in der Folge kannst du die Intensität der Gefühle besser verstehen, die dir begegnen kann. Unabhängig davon, wo diese Begegnung stattfindet.

Auch hast du mehr zeitlichen Spielraum, um wirklich Ja zu sagen, die Anteile von dir kennenzulernen, die du bisher mehr oder weniger ignoriert hast. Ignoriert hast du sie, obwohl sie immer wieder bei dir anklopfen. Denn sie zeigen sich überall, obwohl sie nicht immer leicht zu erkennen sind.

Ob du es glaubst oder nicht. Alles, was dir begegnet, sind Anteile von dir. Diese Begegnungen finden in deinem Inneren und im Außen, also in deiner Realität, statt. Das bedeutet, dass alles, was dir passiert, mit dir selbst zu tun hat. Du kannst alles, was in deiner Welt passiert, als Hinweisgeber für dich nehmen. Man könnte es auch so formulieren:

Du spiegelst dich im Außen.

Jede Lebenssituation zeigt dir Anteile von dir selbst, und wenn du möchtest, dann kannst du alles, was dir geschieht, für deine innere Arbeit nutzen.
Manchmal lösen diese Situationen Glück aus, manchmal Unzufriedenheit oder Scham, ein anderes Mal auch Ärger. Nicht immer magst du diese Gefühle, nicht immer magst du dich.
Dein Verhalten zeigt, was in dir ist, ob du es willst oder nicht. Dein Verhalten zeigt auch, wo du verletzbar bist, und auch, was du lieber nicht zeigen möchtest, eben weil du es nicht magst.
Du bist erkennbar, und manch anderer sieht etwas in dir, was du selbst am liebsten gar nicht sehen magst, vielleicht sogar verstecken möchtest.
Das alles spiegelt er dir. Er lockt es sozusagen aus dir heraus. Nicht immer bist du dir dessen bewusst. Du könntest zum Beispiel denken, der andere oder die Situation ist schuld an deiner schlechten Stimmung. Aber eigentlich zeigt er dir nur Anteile von dir selbst, die du bisher nicht sehen wolltest.

Manchmal ist es schwer vorstellbar, dass alles, was passiert, nur ein Spiegel von uns selbst sein soll. So etwas können wir oft nicht begreifen. Unser Verstand rebelliert dann gerne. Er leugnet, wehrt sich, er ist im Widerstand.
Die in allem enthaltene Aufforderung ist jedoch immer die gleiche:

Es gilt, in jeder Lebenssituation Frieden zu empfinden, unabhängig davon, was passiert.
Frieden stellt sich ein, wenn du zu allem Ja sagen kannst. Zu allen Gefühlen, allen Gedanken, allen Lebensereignissen, auch zu denjenigen, die vergangen sind. Oder eben zu dem Widerstand, den du vielleicht empfindest.

Bis dahin ist oft ein Weg zurückzulegen, denn nicht immer sind wir glücklich und zufrieden mit dem, was das Leben uns präsentiert. Oft erinnert es uns an vergangene unangenehme Geschehnisse mit den dazu gehörenden Gefühlen, die wir nie wieder fühlen wollten.

Dein „kleines wo bist du" steht für die ungeliebten Teile von dir. Und wie auch immer du deine Anteile nennen magst und wie auch immer sie sich genau bei dir zeigen, oft haben sie sich versteckt und geben sich nur verdeckt zu erkennen, so dass wir sie manchmal gar nicht identifizieren können.

Es bedarf einiger Mühe und Achtsamkeit, die ungeliebten und verstoßenen Anteile wiederzufinden. Und sie zeigen sich nicht mal eben und schnell, wenn du es denn nach langer Zeit vielleicht möchtest.

Trotzdem sind sie ein Teil von dir. Ohne sie bist du unvollständig.

Und du sehnst dich danach, vollständig zu sein, auch wenn du es vielleicht gar nicht weißt. Vollständig sein hat etwas von heil sein. Wir alle wollen heil sein, denn wir assoziieren heil mit gesund sein. Sich aller Anteile bewusst zu sein, ist eine Voraussetzung für heil sein. Heil sein bedeutet, alles zu lieben, was ist.

Vor diesem Hintergrund ist die Geschichte mit dem Titel „wo bist du“ entstanden. Du kannst sie als Liebesbrief sehen oder als Anleitung für eine persönliche Rede, die du an diese Anteile richtest.

Vorher solltest du jedoch die Entscheidung treffen, dass du jemanden kennenlernen möchtest, den du bisher nicht kanntest und auch nicht wolltest. Dafür ist deine Bereitschaft nötig, ein klares Ja auszusprechen und dazu zu stehen, dass es etwas Kleines, Ungeliebtes, Trauriges und Ängstliches in dir gibt.
Etwas, das eben genau das Gegenteil ist von dem, was wir oft nach außen zeigen und sein wollen.
Darüber darfst du zuallererst nachdenken.

Und wenn du so weit bist, nutze die Geschichte vom „kleinen wo bist du“ für deine persönliche Kontaktaufnahme.

Aber entscheide selbst.

Wenn du es nicht mehr abwarten kannst, liest du die Geschichte zuerst und überlegst dann, ob du noch einmal ganz in Ruhe von vorne anfängst.
Und in der Folge steigst du dann nach und nach immer tiefer ein.

Jeder findet seinen eigenen Weg.
Und jeder weiß auch, was für ihn am besten ist. So wie du.

Ich wünsche dir ganz viel Freude und bedeutende Erkenntnisse beim Lesen und Arbeiten mit diesem Buch.

Ines

Erstes Kapitel

Bereite dich vor

Natürlich entscheidest du selbst, ob du gleich mit der Geschichte beginnen magst und in den Dialog trittst mit deinem „kleinen wo bist du“. Oder ob du noch Zeit benötigst, um dich darauf einzustellen, diesen kleinen ungeliebten und vergessenen Teil von dir in dein Leben einzuladen.

Es kann sogar sein, dass du dich richtig erschrocken hast, als dir klar wurde, dass es um einen Teil von *dir* geht, und nicht um jemand anderen.

Auch ist es möglich, dass du Angst bekommen hast vor dem, was dir begegnen kann. Vielleicht sogar Sorge, dass du überschwemmt werden könntest von Gefühlen, die du nicht mehr kontrollieren kannst.

Spüre einfach jetzt schon in dich hinein, was davon zutreffen könnte.
Dabei gibt es kein besser oder schlechter, auch kein weiter oder ein „noch nicht so weit“, es geht einfach und allein um eine Bestandsaufnahme deines momentanen Zustands.

Und das ist die wichtigste Übung!

Zu lernen, aufrichtig und ehrlich mit sich selbst zu sein.

Dazu zu stehen, dass du womöglich Angst hast, dass du vielleicht sogar wütend bist, und dass du dich vielleicht auch gar nicht magst. Oder dich vielleicht auch ganz doll magst.

Vielleicht hast du auch den Impuls gespürt, das Buch wegzulegen und dich nicht weiter mit diesem Thema auseinanderzusetzen, es wegzudrängen, indem du diese Zeilen ignorierst.

Lass es zu!
Lass zumindest zu, dass du diese Impulse in dir wahrnimmst, wie auch immer sie in dir aussehen.

Es kann auch genau das Gegenteil zutreffen, dass du es vielleicht kaum noch abwarten kannst, endlich anzufangen, dass du jetzt endlich JA sagen willst zu allem, was in dir ist, egal was es ist.

Ich kann hier nur Angebote machen, Vermutungen anstellen, wie es dir gerade gehen mag.
Aber ich will dich auch vorbereiten auf das, was passieren kann.
Auf das, was gefühlt und wahrgenommen werden möchte.
Und das ist oft nicht angenehm, weil es so intensiv ist.
Wir sind es nicht gewöhnt, tief und ausdauernd zu fühlen und in dem Gefühl zu bleiben.
Was wir oft besser können, ist Gefühle wegzudrängen, bevor sie aufkommen, oder uns abzulenken, wenn sie zu intensiv werden.
Und so bleibt dann ein Restgefühl übrig, was wartet.
Diese Reste häufen sich im Laufe unseres Lebens zu einem großen Berg von Gefühl, und dieser Gefühls-Berg wartet nur auf eins:

Darauf, dass wir uns seine Bestandteile anschauen und dann nach und nach abtragen.

Du kannst es dir so vorstellen, wie in einem großen Haus alle Regale und Schubladen, auch die im Keller, auszuräumen, alles anzuschauen und zu sortieren.
Jedes einzelne Teil wird dabei in die Hand genommen, gewürdigt, und erst dann wird entschieden, was du damit machst.
Manche dieser Teile rufen in dir Erinnerungen wach, und du behältst diese dann länger in deiner Hand, bis die Erinnerung einen angemessenen Platz bekommen hat. Bis du alles durchgefühlt hast, was mit dieser Erinnerung in Zusammenhang steht.
Das braucht Zeit und Geduld und vor allem Liebe zu dir und deiner Geschichte.

Vielleicht kannst du es kaum glauben. Die Liebe zu dir ist das intensivste Gefühl, das, was wir uns kaum zugestehen wollen, das, was uns am schwersten fällt zu fühlen. Das, was wir uns oft erst erarbeiten müssen.

Bei Dir ist es vielleicht auch so.

Die meisten Menschen haben keine Probleme, zu jemand anderem zu sagen: Ich liebe dich, was auch immer das dann heißen mag.
Aber kannst du auch aus tiefstem Herzen sagen: Ich liebe mich!

Ich liebe mich mit allem, was zu mir gehört.

Ich liebe mich in meiner Größe.

Ich liebe mich mit allen Fehlern, mit allen scheinbaren Mängeln.

Mit allen Gefühlen, auch den weggedrängten, ungeliebten?

Überleg mal.

Und nimm dir jetzt das erste Mal ein wenig Zeit, um zu fühlen.

Welches Gefühl kannst du jetzt in dir wahrnehmen?

Welches zeigt sich vielleicht erst ein wenig später?

Du brauchst dafür kein Wort zu finden, nimm einfach nur wahr, wie du dich jetzt fühlst. Und entscheide dich, diesem Gefühl in dir Raum zu geben, indem du es einlädst, da zu sein und sich Platz zu nehmen.

Vielleicht kannst du einen Ort in deinem Körper ausmachen, wo du es besonders gut wahrnehmen kannst, vielleicht siehst du vor deinem inneren Auge auch eine Form oder eine Farbe.
Vielleicht hörst du etwas.

Bei jedem ist es ein wenig anders, also übe dich darin, genau wahrzunehmen, wie es bei dir ist, ohne dich dabei unter Druck zu setzen oder zu bewerten.

Es gibt kein Richtig oder Falsch, auch kein Besser oder Schlechter, es zählt allein deine Aufmerksamkeit und deine Einladung an das, was jetzt gerade in dir ist.

Probiere es aus!
Nimm dir Zeit!

Jetzt.

In den folgenden 2 Minuten.

- Pause -

Wie waren diese Minuten für dich?
Antworte ehrlich.
Hast du dir Zeit genommen oder gleich weitergelesen?

Und auch, wenn du gleich weitergelesen hast und dich jetzt vielleicht ertappt fühlst, gestehe es dir ein.
Sei ehrlich.

Es ist nicht schlimm, Anweisungen nicht zu folgen, schlimmer ist es, seine Gefühle zu ignorieren.
Du darfst immer Nein zu anderen sagen, aber nicht Nein zu dir und deinen Gefühlen. Ok?

Manchmal versteckt sich dieses Nein zur dir selbst in einer Form, die wir nicht so schnell erkennen können.
Diese Form heißt Projektion.
Projizieren bedeutet, dass du etwas, was in dir ist, in anderen siehst und denkst, dass es nichts mit dir zu tun hat, sondern nur mit dem anderen.
In diesem konkreten Fall könnte es zum Beispiel sein, dass du wütend auf mich geworden bist, weil ich dich scheinbar dabei ertappt habe, dass du gleich weitergelesen hast.
Und anstatt einfach zu sagen:
„Ja, das stimmt, ich habe gleich weitergelesen, und es ist mir ein bisschen unangenehm, das zuzugeben, aber ich wollte es so“,

bist du wütend auf mich, weil ich es vorhergesehen habe und du es dir nicht eingestehen magst.

Das heißt, du bist innerlich und in Gedanken nicht bei dir, sondern bei mir. Du projizierst dein unangenehmes Gefühl auf mich. Ich bin sozusagen schuld daran, dass du dich so fühlst, wie du dich fühlst.
Kannst du das nachvollziehen?
Es ist wichtig, diese Prozesse zu verstehen, weil sie immer wieder ablaufen und sie so alltäglich sind, dass wir sie normal finden. Dieses Normalfinden führt jedoch dazu, dass wir keine Verantwortung für unsere Fehlinterpretation übernehmen und sie so nicht zurücknehmen können.

Dieses Projizieren ist nicht schlimm, es passiert uns allen. Es ist nur wichtig, es zu erkennen. Dann können wir hier weiterarbeiten und du bist gut gerüstet für deine innere Arbeit.

Vor allem kannst du weiter mit dir und deinen inneren Prozessen in Resonanz gehen.
Wenn du bei mir oder anderen Menschen bist, kannst du es nicht. Du kannst es auch nicht, wenn du meinst, andere Menschen seien schuld an deinem emotionalen Zustand. Denn das sind sie nicht. Lediglich Auslöser können sie sein. Auslöser für einen schmerzhaften Prozess, der in dir bereits angelegt war. Angelegt war er zum Beispiel durch unangenehme Erfahrungen, die du in der Vergangenheit gemacht hast.

Du merkst vielleicht ganz deutlich, dass es um Verantwortung geht.
Das stimmt.
Du solltest bereit sein, Verantwortung zu übernehmen für das, was in dir passiert, unabhängig davon, von wem oder was es ausgelöst wurde.

Denn es passiert in dir!

Wenn du Verantwortung für deine emotionalen Prozesse übernimmst, dann wirst du zu einem Beobachter. Du beobachtest dann alles, was in dir geschieht. Alles, was du fühlst, alles, was du denkst, auch alles, womit du dich vielleicht identifizierst. Alle Geschichten, die in dir ablaufen, sind Teil deiner inneren Beobachtung.

Du entdeckst Glaubenssätze, an die du bisher geglaubt hast, die dich geprägt haben, und du bekommst die Möglichkeit, sie zu überprüfen.
Du entdeckst Bewertungen und Urteile, denen du bisher blind gefolgt bist, die dir aber keinen Gewinn und keine Liebe brachten.
Du entdeckst tief versteckte Minderwertigkeitsgefühle, von denen du nie wolltest, dass irgendjemand dich darauf anspricht.

Dies alles entdeckst du jedoch nur, wenn du bereit bist, Verantwortung zu übernehmen für das, was in dir vorgeht. Ist das für dich verständlich?

Vielleicht magst du jetzt eine kleine Weile nachspüren, um zu verarbeiten, was du bisher gelesen hast.

Achte auf deine Impulse, und setze sie um, wenn du sie für gut und sinnvoll erachtest. Nur du kannst wirklich und ehrlich für dich selbst entscheiden. Also zum Beispiel auch entscheiden, ob du jetzt nachspüren möchtest oder nicht.

Pause

.....

Nun weißt du ungefähr, worum es im Folgenden gehen wird.

Du beschäftigst dich mit dir.

Du beobachtest dich.

Du nimmst deine Gefühle wahr, du versuchst sie zu akzeptieren und dann zu integrieren, was du an Erkenntnissen gewonnen hast.

Dabei wirst du vollständiger. Und das ist schön.

Es ist ein ganz besonderes und heilsames Gefühl, sich vollständig zu fühlen, eben weil du dich dann heil fühlst, ganz *Du* bist. Weil du dann nichts mehr wegdrängen musst. Weil du dich dann in jedem Moment zeigen kannst mit dem, was du in dir fühlst, und mit dem, was es in dir denkt. Das bedeutet natürlich nicht, dass du immer und zu jedem Zeitpunkt alles zeigen musst, aber du kannst dir selbst gegenüber alles eingestehen und dir dessen bewusst sein, was sich in dir regt. Das reicht. Und, du magst es kaum glauben, das macht glücklich und dankbar.

Wenn du so weit bist, darfst du deine innere Heil-Arbeit mit dem Lesen der Geschichte vom „kleinen wo bist du“ bereichern.
Es wird dann wie eine Zusammenfassung deiner vorherigen Prozesse wirken können.
Auch wie ein Geschenk, das du dir selbst machst.
Und dann verstehst du sicherlich auch, was ich gemeint haben könnte mit den Worten in meiner Einleitung:
Du liest dann einen Liebesbrief an dich selbst und eine Liebesgeschichte über dich.
Das ist sehr anrührend, denn du bist berührt in deinem Herzzentrum. Und dabei fließen manchmal Tränen, einfach aus Rührung.
Und aus Dankbarkeit.
Und aus Liebe.

Und nun beginnt die Arbeit mit dem Auftrag:

Fühle dich selbst!

Hinweise zur Durchführung:

In den Meditationen oder Übungen wirst du den Hinweis finden, deine Augen zu schließen. Das kannst du natürlich nur, wenn du die Geschichten oder Texte vorgelesen bekommst.

Wenn du sie selbst liest, dann stelle dir deswegen immer wieder vor, wie es wäre, wenn du mit geschlossenen Augen einfach nur daliegst.

Schließe sogar immer wieder und aktiv deine Augen, nachdem du einen Satz oder einen Abschnitt gelesen hast.
Lass das Gelesene wirken, und praktiziere die beschriebenen Übungen in Ruhe und mit Gelassenheit.
Lass dir Zeit! Spüre immer wieder in dir nach! Und lies erst dann weiter, wenn du dir genug Zeit und Raum gegeben hast.

Natürlich kann es sein, dass du die Einzelarbeit mit dir allein als zu schwierig erachtest. Scheue dich also nicht, dir jemanden zu suchen, der dir hilfreich zur Seite steht. Dies kann ein guter Freund oder eine gute Freundin sein, oder auch ein Berater oder Therapeut. Gib dir bitte die Erlaubnis, deinen Weg zu gehen und zwing dich nicht zu irgendetwas. Es gibt für alles Möglichkeiten.

Deine Basis

Im Folgenden wollen wir uns etwas schaffen, das wie ein Sicherheitsnetz aussehen und wirken kann. Du baust dir sozusagen dein Fundament.

Es kann sein, dass du denkst, dass du so etwas bereits besitzt. Doch manchmal ist es nötig, dass wir dies von Zeit zu Zeit überprüfen, weil es sein kann, dass es gar nicht so stabil ist, wie wir immer geglaubt haben.

Tatsächlich könnte es auch sein, dass du diese Übung als das genaue Gegenteil empfindest. Dass sie dir nämlich das Gefühl gibt, überhaupt kein Fundament zu haben.
Wie auch immer es ist, lass es zu und lass dich auf das ein, was ist.

Ich möchte dich ermutigen, dich allem zu stellen, unabhängig davon, wie deine erste Reaktion darauf ist. Dies hat einen Grund:
Es ist egal, wie wir etwas bewerten. Nicht egal ist es, wenn wir die eine Bewertung besser finden als die andere. Wenn wir uns also innerlich auffordern: „Ich muss das jetzt gut finden". Nichts musst du. Einzig und allein solltest du bereit sein, dich für alles zu öffnen, was in dir wahrnehmbar ist. Ob es nun ein inneres Gut oder ein inneres Schlecht ist. Nicht mehr, und nicht weniger. Ok?

Wie reagierst du denn auf die Frage: Liebst du dich?

Es kann sein, dass du dich ein bisschen unwohl fühlst.
Nimm es einfach wahr.

Und es kann sein, dass du in den folgenden Übungen den Eindruck hast, dass dein Fundament nicht sicher ist, sondern sehr wackelig.

Das macht nichts, denn wenn du es erkennst, wird es allein durch diese Erkenntnis schon viel sicherer. Magst du es glauben?

Denke immer daran: Alles braucht seine Zeit, zumindest hier auf der Erde.

Nimm dir also deine Zeit und sei geduldig mit dir. Und Liebe bedeutet genau das: Mit sich selbst liebevoll umzugehen, auch wenn man der Meinung ist, dass man sich überhaupt nicht mag.

Erste Übung „Blick in den eigenen Spiegel“

Setze oder lege dich bequem hin und stelle sicher, dass du für die folgenden Minuten nicht gestört wirst.

Es müssen nicht viele Minuten sein, aber die Minuten, die du jetzt mit dir verbringst, sollten auch nur für dich bestimmt sein.

Und das ist oft schon deswegen schwer, weil uns unsere Gedanken und Impulse immer wieder heraus und woanders hinziehen. Eben weit weg von uns selbst.

Also treffe bewusst die Entscheidung, jetzt die Augen zu schließen und dich von den Aufgaben des Alltags für einen Moment zurückzuziehen.

Nimm dir Zeit, um diese Entscheidung zu treffen, und treffe sie bewusst.

Und dann atme dich in dich selbst hinein.

Atme bewusst durch die Nase ein, soweit, bis du den Eindruck hast, dass kein weiterer Platz mehr in deinen Lungen vorhanden ist.
Halte dann für ein oder zwei Sekunden den Atem an und atme danach langsam alles wieder aus der Nase hinaus. Falls es dir zu schwerfällt, durch die Nase zu atmen, fühle dich frei, den Mund zu öffnen. Auch kann es sein, dass du es angenehmer und befreiender empfindest, durch den Mund auszuatmen. Dann tue dies so!

Konzentriere dich auf deinen Atem. Nimm mehrere bewusste Atemzüge.

Beim nächsten Atemzug achte einmal darauf, wohin genau du atmest.
Wie tief geht dein Atem?
Hört er schon im Hals auf oder im oberen Brustbereich?
Schaffst du es, bis in deinen Bauch zu atmen?

Wie auch immer es bei dir ist, versuche ab jetzt, bis in den Bauch zu atmen, so, als wenn du eine Flasche mit deiner Atemluft füllen willst. Diese füllst du auch von unten bis nach oben zum Flaschenhals.

Du atmest also in den Bauch, so dass sich die Bauchdecke hebt, dann in den Brustkorb, der sich weitet, bis hin zu den Schlüsselbeinen, die sich dabei anheben.

Du füllst dich zutiefst mit Atem, hältst ihn für einen kleinen Moment, und atmest dann in der gleichen Reihenfolge alles wieder langsam hinaus. Aus dem Bauch, aus dem Brustkorb, bis sich deine Schlüsselbeine wieder senken.

Praktiziere diese Atmung einige Male.

Versuche dabei immer wieder, deine Ausatmung langsamer zu gestalten als deine Einatmung.

Aber mache dir keinen Stress. Wenn es noch nicht so leicht funktioniert, dann praktiziere deine Atmung so gut es jetzt eben für dich geht.

Und dann lasse deine Augen weiter sanft geschlossen und sage zu dir:

Ich liebe mich!

Spüre, wie leicht oder wie schwer es dir fällt, diese Formulierung zu verwenden.
Wenn du bemerkst, dass du dich ganz weit weg von liebevollen Gefühlen dir selbst gegenüber empfindest, dann nimm dir einen Moment Zeit, um zu prüfen, welcher Satz für dich und dein

momentanes Gefühl zu dir selbst stimmiger sein könnte. So könntest du zum Beispiel auch sagen:

Ich kann mich annehmen, wie ich in diesem Moment bin.
Ich kann mich akzeptieren, so, wie ich jetzt bin.
Ich finde mich ok und ich mag mich.

Und dann nimm dir jetzt bewusst einen Moment und sage dir deinen Satz:

Ich liebe mich! (oder „Ich mag mich!“, oder „Ich akzeptiere mich“)

Vielleicht wiederholst du es noch ein weiteres Mal ganz langsam:

Ich liebe mich!
Ich akzeptiere mich!
Ich mag mich!

Spüre in dich hinein und nimm wahr, was diese Worte in dir auslösen.

Nimm zudem wahr, wo genau in deinem Körper du die Wirkung deiner Worte spürst.

Beobachte, wie lange die einzelnen Gefühle oder Wahrnehmungen bleiben, ohne sie halten zu wollen.
Aber auch ohne sie wegzudrängen.
Sei in einer akzeptierenden Grundhaltung zu dir und deinen Empfindungen.

Einfach nur beobachten was ist.

Pause

.....

Und dann bereite dich auf eine Erweiterung dieser Übung vor. Fühle dich auch frei, zunächst eine längere Pause zu machen und zu einem anderen Zeitpunkt wieder einzusteigen.

Für den nächsten Schritt stelle dir bitte vor, dass du dich vor einen Spiegel stellst, der jetzt vor deinem inneren Auge erscheint. (Natürlich kannst du dies auch ganz real vor einem wirklichen Spiegel praktizieren oder auch wiederholen!)
Es ist ein Spiegel, der dich in deiner ganzen Größe zeigt. Von oben bis unten, von links nach rechts, in allen Farben und Formen. Alles, was dich eben ausmacht, ist zu sehen. Bist du bereit?

Dann öffne deine Augen und schau in diesen Spiegel.

Du weißt, was dich erwartet.

Du siehst Dich.

Nimm wahr, wie es dir dabei geht.

Wie schwer oder wie leicht fällt es dir, dich zu betrachten, so wie du dich siehst?

Und vielleicht hast du hier den Impuls, eine Pause zu machen oder zunächst einmal ganz tief ein- und auszuatmen. Das darf sein. Entscheide du. Und tue das, was dir jetzt guttut.

Vielleicht magst du auch gleich weiter machen, und wenn das so ist, dann sage jetzt zu deinem Spiegelbild:

Ich liebe dich!

Prüfe hier, ob du dich mit deinem Alternativsatz besser fühlst und ihn verwenden magst oder ob es dir jetzt leichter fällt, „Ich liebe dich" zu sagen.

Spüre, wie es sich in dir anfühlt, wie schwer es vielleicht auch ist, diese Worte auszusprechen, wenn du dir selbst dabei in die Augen blickst.

Nimm zusätzlich wahr, was sich in der Wahrnehmung deiner selbst verändert, wenn du dir selbst und deinem Spiegelbild sagst:

Ich liebe dich!

Fühle, wie du dich dabei fühlst. Beobachte auch, welche Körperreaktionen du wahrnehmen kannst.
Alles darf sein.

Spüre in den folgenden 2 Minuten nach.

- Pause -

Wenn du so weit bist, dann beende diese Übung.

Vertiefe dafür deinen Atem, atme wieder in deinen Bauch, deinen Brustkorb, bis hinauf zu den Schlüsselbeinen.
Atme danach langsam und bewusst wieder aus, auch alles hinaus, was dein Körpersystem verlassen möchte.

Öffne dann in deinem Tempo deine Augen.

Vielleicht magst du deine Erfahrungen aufschreiben oder in einer geeigneten Form festhalten.

Kehre erst dann in deinen Alltag zurück, wenn du dich bereit dafür fühlst.

Beobachte dich in deinem Alltag, so oft es dir möglich ist.

Wenn du magst, nutze dafür folgende Fragen und halte die Antworten in schriftlicher oder in einer für dich angemessenen Form fest:

- Wie leicht oder wie schwer fällt es dir, dich ohne Bewertung anzuschauen, dich also einfach nur wahrzunehmen, so, wie du bist?
- Wie leicht oder wie schwer fällt es dir, liebevolle Gefühle für dich selbst zu entwickeln?
- Wie leicht oder wie schwer fällt es dir, liebevoll mit dir umzugehen, auch, wenn du dich oder die Situation, in der du dich befindest, nicht magst?
- Wie leicht oder wie schwer fällt es dir, dich auf eine Weise anzuschauen, wie eine liebende Mutter ihr Kind anschaut?

- Kannst du andere Menschen so anschauen, wie eine liebende Mutter sie anschauen würde?

Wie auch immer deine Antworten ausfallen, verurteile dich nicht, sondern stelle alles nur fest.

Wenn du urteilst, versuche es zu bemerken.

Allein dieses Feststellen wird das Urteil ein wenig abmildern.

Und beobachte Veränderungen in deiner Wahrnehmung und in deiner Bereitschaft, liebevoll zu schauen.

In der zweiten Übung wirst du erfahren können, wie sich dies bei dir selbst anfühlen kann.

Raum für deine Reflexion

Zweite Übung „Die Liebesdusche“

Mache dich auf die gleiche Weise bereit, wie du es in der vorherigen Übung praktiziert hast.

Nimm wahr, wie leicht oder wie schwer es dir fällt, dich zurückzuziehen und eine kleine Weile nur mit dir zu verbringen.

Nimm auch wahr, wie leicht oder schwer es für dich ist, eine klare Entscheidung dafür zu treffen, jetzt die Augen zu schließen und diese Übung zu praktizieren.

Und falls es schwer für dich ist, sei beruhigt, denn du bist damit nicht allein. Den meisten, wenn nicht allen, geht es so. Wir meinen eben, dass es mehr darauf ankommt, im Außen unsere Leistung zu bringen, unsere Aufgaben zu erledigen und den Tag zu meistern. Dabei denken wir, dass es Verschwendung sein könnte, sich einfach zurückzuziehen und dem Anschein nach nichts zu tun.

Lass diesen Gedanken einfach da sein, ändern kannst du ihn sowieso nicht. Das brauchst du auch gar nicht. Das Einzige, was du tun darfst, ist, diesen Gedanken jetzt *nicht* in die Tat umzusetzen. Du lässt ihn also da sein, beobachtest ihn für eine Weile, bist freundlich in seiner Anwesenheit, und du folgst ihm nicht.

Und obwohl du diesen Gedanken haben kannst, schließt du jetzt einfach deine Augen und atmest *dich* in dich hinein.

Du atmest wieder tief ein, hältst den Atem eine kleine Weile an, und atmest dann alles wieder langsam hinaus.

Praktiziere diese Atmung einige Male, so intensiv und konzentriert es dir jetzt möglich ist.

Und vielleicht erinnerst du dich an die erste Übung und den Gedanken:

Ich liebe mich.

Nimm ihn als Aufforderung, so liebevoll mit dir zu sein, wie es dir jetzt möglich ist.

Das beinhaltet auch, dass es liebevoll sein kann, dir einzugestehen, dass du diese Liebe zu dir noch gar nicht so deutlich empfinden kannst. Sie zumindest noch nicht halten kannst. Dass du immer wieder abrutschst in Zweifel oder Ablehnung.
Mache dir dann bewusst, dass es immer ausreicht, wenn du versuchst zu akzeptieren, also anzunehmen, was jetzt grad ist. Das genügt immer!

Sage dir also noch einmal ganz bewusst: Ich liebe mich. Oder: Ich kann mich annehmen, wie ich jetzt grad bin. Oder: Ich mag mich. Oder: Ich versuche, mich jetzt grad zu mögen.
Nimm dir Zeit.

Atme weiter und bereite dich dann darauf vor, dass du all die Liebe, die du dir ersehnst, jetzt bekommen kannst, wenn du es denn willst.
Möchtest du?

Wenn du dir dessen sicher bist, kann es gleich für dich geschehen:

Dir wird Liebe begegnen.
Reine Liebe.

Nimm wahr, was diese Ankündigung in dir auslöst.

Vielleicht ist es Unglauben, vielleicht Erschrecken, vielleicht Freude.
Vielleicht auch Zweifel oder sogar ein Impuls, die Übung gar nicht beginnen zu wollen, weil du plötzlich Sorge hast, dass du das Gefühl reiner Liebe gar nicht aushalten könntest.

Stelle einfach nur fest, wie es jetzt in dir aussieht und wo genau in deinem Körper du diese Gefühle spürst.

Atme weiter.
Und entscheide dich für die nun folgende Übung:

Du lässt dich fallen in einen wunderschönen und sehr bequemen Sessel. Er hat eine große Lehne, in die du dich hineinsinken lassen kannst.

Spüre, wie es sich anfühlt, sich einfach hineinfallen zu lassen, sich zu entspannen und dabei alles abzugeben, was eben noch wichtig erschien.

Der Sessel ist weich, du liegst ganz sanft und angeschmiegt wie auf einem Kissen in diesem bequemen Sessel mit der großen Lehne.
Deine Arme kannst du auf den Armlehnen des Sessels ablegen, nichts musst du mehr halten.
Du kannst dich ganz hineingeben in das weiche Wohlgefühl.

Atme weiter tief ein und aus. Und genieße es für einen kleinen Moment.

Und nach einer Weile entsteht vor deinem inneren Auge ganz langsam eine Bewegung.
Zuerst kannst du noch nicht erkennen, was es ist, bis für dich deutlicher wird, dass es Menschen sind, die diese Bewegung auslösen.
Personen aus deinem Leben treten ganz langsam vor dir in Erscheinung. Viele von ihnen hast du lange nicht mehr gesehen, einige andere von ihnen begegnen dir dagegen täglich. Es sind Menschen, die dir alle wichtig sind. Das ist klar.

Du fragst dich vielleicht, warum all diese lieben Menschen aus deinem Leben hier und jetzt zu dir gekommen sind. Vielleicht kannst du den Grund erahnen, aber sicher bist du noch nicht. Und so beobachtest du gespannt weiter.

Sie bilden eine gewisse Ordnung, denn sie stehen jetzt nebeneinander und hintereinander. Fast wie in Reih und Glied. Wie in einem Chor, versetzt in mehreren Reihen. Ausgerichtet nach vorne.

Es ist aufregend für dich, das Geschehen zu beobachten.

Jeder von ihnen folgt seiner inneren Stimme, seinem Auftrag.

Und alle schauen dabei in eine Richtung. In deine!

Es kann sein, dass dir ein wenig mulmig ist, weil dir deutlich wird, dass sie alle nur für dich gekommen sind.
Akzeptiere deine Gefühle. Und nimm dir ein wenig Zeit, wenn du Zeit benötigst.

Dann erreicht dich eine besondere Schwingung. Ja, sie ist besonders, denn sie füllt dich immer mehr aus. Du spürst eine angenehme Wärme in deinem Herzzentrum. Diese Wärme wird nach und nach intensiver. Fühle sie!

Und plötzlich wird dir klar:

All diese Menschen haben einen einzigen Auftrag:

Sie wollen *dich* mit Liebe beschenken.
Mit bedingungsloser Liebe.

Alles an ihnen strahlt Liebe aus. Ihre Körperhaltung, ihre Gestik, ihre Mimik, ihr gesamtes Sein.

Dir läuft ein Schauer über den Rücken, und du kannst deinen Blick nicht mehr lösen.
Die Augen dieser Menschen ziehen dich besonders in ihren Bann. Sie schauen unvergleichlich liebevoll; es scheint fast so, als wenn du der liebenswerteste Mensch für sie bist, und es daran keinen Zweifel gibt. Diese deine Menschen sind sich sicher, dass du ihre Liebe verdient hast. Einfach nur so und deswegen, weil es dich gibt.
Ist das schön für dich?
Wundervoll vielleicht?

Die Menschen breiten ihre Arme aus.
Sie strahlen dich voller Liebe an.
Und sie laden dich ein, diese Liebe in Empfang zu nehmen.
Einfach so.
Du musst nichts tun.
Nur ihr Liebes-Angebot annehmen.

Du darfst in dieser Liebe baden, so lange, wie du magst.
Du musst dich nur dafür entscheiden.
Magst du?

Dann tue es!

Die folgende Zeit ist nur für dich bestimmt.

- Pause –

....

Wie lang war diese Zeit?

Hast du sie genießen können?

Konntest du es aushalten, in der Liebe zu baden?
Dir diese Liebe zu gönnen, sie zu empfangen, weil du es dir wert bist?

Alle Antworten zu diesen Fragen sind von gleicher Wertigkeit.

Verurteile dich nicht,

- wenn du es noch nicht lange durchgehalten hast.
- wenn du dich vielleicht nicht einmal wirklich einlassen konntest.
- wenn du dich vielleicht sogar gefragt hast, was diese Menschen von dir denken könnten.

Vielleicht hast du diese Übung auch abgebrochen, weil du Angst hattest, zu sehr gerührt zu sein und dieses Berührt Sein dann nicht mehr kontrollieren zu können.

Vielleicht hast du es aber auch einfach nur genießen können.

Wie auch immer es bei dir war.
Erlaube dir, genauso zu fühlen, wie du zurzeit fühlst. Nicht mehr, und nicht weniger.

Und dann lass es nachwirken und ausklingen in dem Tempo, das du für dich als angemessen betrachtest.
Deine Augen sind noch geschlossen, du besinnst dich wieder auf deinen Atem, und du atmest bewusst tief ein und aus.

Nimm dir Zeit, um in deinem Tempo zurückzukehren, in den Raum, in dem du dich befindest, und in deinen Alltag, der auf dich wartet.
Du bestimmst dein Tempo.

Und vielleicht nutzt du ein klein wenig Zeit, um im Anschluss deine Erfahrungen festzuhalten. Im Raum für deine Reflexion findest du dafür eine Gelegenheit.

Und hier noch ein Tipp:

Wiederhole diese Übungen, bis du dir deine Basis erschaffen hast und dir dieser sicher sein kannst. Bis du dir auch sicherer geworden bist, dass du selbst der Liebe wert bist. Bis du weißt, wie es sich anfühlen kann, einfach nur liebenswert zu sein.

Dann hast du ein Fundament, auf dem du dich immer gut fühlst, auf das du bauen kannst und wohin du dich zurückziehen kannst, wenn du Sicherheit oder Erholung benötigst.

Eine Basis, die wie eine Rettungsinsel wirken kann in Situationen, in denen du Sorge haben könntest, deine Fassung zu verlieren.

Wie auch immer du es für dich definieren magst, eine Basis zu haben, ist ein schönes Gefühl.

Raum für deine Reflexion

Die Auseinandersetzung

Im Folgenden wollen wir Gefühle kennenlernen, die bei der Kontaktaufnahme mit deinem inneren Kind entstehen können, und wir wollen uns mit ihnen auseinandersetzen.

Ein Kennenlernen setzt die grundsätzliche Bereitschaft voraus, akzeptieren zu wollen, dass es solche Gefühle gibt.
Und dass sie ihre Berechtigung haben.
Und dass sie zu dir gehören, wie zu jedem anderen auch.

Es kann sein, dass du Ablehnung spürst, wenn du an Gefühle wie Traurigkeit, Wut oder auch Bedauern denkst. Denn oft sind es unangenehme Situationen, die diese Gefühle in uns auslösen. Und in solchen Situationen fühlen wir uns alles andere als sicher. Komfortabel schon gar nicht. Und doch dürfen wir einsehen, dass alles zum Leben dazugehört. Auch du darfst es einsehen! Willst du das? Oder fällt es dir noch schwer?

Falls du ein wenig Motivation benötigst, um diese (innere) Arbeit anzugehen und dich ihr zu stellen, kommt hier ein Angebot für dich. Eine kleine Zeit der Besinnung auf das Wesentliche. Folge ihr, wenn du magst.

Das, wonach sich alle sehnen, und sicher auch du, ist Harmonie, Frieden, Freude und Einklang. Oder?
In Harmonie mit sich zu sein, in Freude zu leben, Frieden zu spüren, das alles ist ein Ausdruck von Einklang. Du schwingst auf einem Ton, in *einem* Ton, auch wenn das Leben Höhen und Tiefen beinhaltet.
Magst du dir ihn vorstellen? Diesen einen Ton? Diesen Frieden?

Versuche es jetzt, den Ton des Friedens in dir zu hören, vielleicht sogar, dich der Erkenntnis zu öffnen, dass es ihn wirklich gibt.

Dieser Ton ist wie ein Vibrieren, wie ein Flimmern in der Luft, wie der Moment, wenn die Sonne den Horizont berührt.
Du kannst in dir diesen Ton aktivieren, indem du bei der Ausatmung leise summst und dabei das Vibrieren in jeder Zelle deines Körpers spürst.
Du kannst dir auch folgendes Bild vor dein inneres Auge rufen, wenn dir dies leichter fällt:

Du stellst dir vor, dass du in einem kleinen sicheren Boot auf den Wellen des Lebensmeeres schwimmst. Das Boot schaukelt auf den Wellen in einem leichten Auf und Ab, und du schaust in die untergehende Sonne mit ihren tiefen und orange-gelben Farben.
Es gibt nichts außer dem Meer, dem Himmel und dir auf deinem Lebensmeerboot.
Schau genau hinein in die Sonne, am Horizont.
Siehst du sie?

Kannst du die Sinfonie hören?

Spürst du den Frieden, den dieses Bild in dir auslöst? Es ist ein Frieden, der unabhängig von dem Auf und Ab der Wellen immer da ist.
Nimm dir Zeit, ihn zu spüren.
Und wenn es dir schwerfällt, dann probiere so zu tun, als wenn du ihn gefunden hättest.

Pause

...

Die Sehnsucht nach Frieden ist sicher in dir aufgetaucht. Und dieser Sehnsucht sollst du folgen.

Dein Ziel darf sein, solche Momente des Einklangs zu finden und sie in dir zu verankern.

Und vielleicht wirst du jetzt ein wenig traurig, weil du dich weit weg von diesem Einklang fühlst. Oder der Meinung bist, dass du diesen Frieden sowieso nicht lange halten kannst.

Oder ihn nicht verdient hast?

Es ist normal. Wir fühlen alle so. Lass es sein, wie es ist. Erlaube es dir.

Wir fühlen uns getrennt von diesem Frieden, und deswegen werden wir traurig.
Manchmal werden wir auch ärgerlich, weil wir uns mit diesem Wissen gar nicht konfrontieren wollen. Zu schmerzhaft ist es, sich getrennt zu fühlen.
In solchen Momenten beginnen wir oft, uns abzulenken. Und das gelingt hin und wieder. Bis sich das schmerzhafte Gefühl wieder durchsetzt. Und uns auffordert, es anzuschauen.

Denn darum geht es:
Anzunehmen, dass alles dazugehört, zum Menschsein.
Und zu akzeptieren, dass es sein kann, dass wir in diesem Leben etwas grundsätzlich falsch verstanden haben.
In Ein Kurs in Wundern heißt es dazu: „Schmerz ist nur das Zeichen dafür, dass du dich selber missverstanden hast."[1]
Damit ist gemeint, dass wir vergessen haben, was eigentlich für uns vorgesehen war. Denn vorgesehen ist, dass wir glücklich sind, und zwar immer. In jedem Moment, in jeder Stunde, in jeder Minute, in unserem ganzen Leben eben. Egal, was passiert. Egal, was für Aufgaben oder Schicksale wir zu meistern haben, es ist immer nur Glück für uns gemeint gewesen.
Und wenn wir das nicht grundsätzlich glauben können, haben wir uns missverstanden. Wir haben das Leben missverstanden.
Weil wir etwas anderes hereininterpretiert haben, weil wir einer Fehlwahrnehmung folgen. Weil wir meinen, besser Bescheid zu wissen. Bescheid zu wissen über das, was uns angeblich glücklich machen kann.

Spüre jetzt nach, was diese Worte in dir ausgelöst haben.
Und sei ehrlich dabei.
Es kann sein, dass du mit allem einverstanden bist, dass dich sogar ein wohliger Schauer erreicht hat, der dir zeigt, wie schön doch alles sein kann, wenn man sich dafür entschieden hat.

---

1 Ein Kurs in Wundern, Ü-I.101.6:2

Vielleicht hat sich aber auch Unmut in dir gemeldet, so etwas wie ein „Aber“, weil du das Geschriebene zumindest ein wenig fragwürdig findest oder vielleicht für esoterischen Schnickschnack hältst nach dem Motto: „Immer dieses positive Gesäusel! Das hilft doch nicht, wenn man grad in einer schlechten Phase ist und nichts und niemand auf der Welt passend erscheint“.
Vielleicht denkst du so etwas.

Spüre, was sich jetzt in dir zeigt.

Nimm auch wahr, wo genau in deinem Körper du dein jeweiliges Gefühl lokalisierst.

Stelle zudem fest, ob du ein wenig mehr Vertrautheit wahrnehmen kannst in deiner emotionalen Aufmerksamkeit.

Überprüfe, ob du dich mit all dem, was du in dir wahrnimmst, annehmen kannst.

- Pause -

Und bevor du in die Auseinandersetzung mit deinen Gefühlen einsteigst, lade ich dich zu einer Meditations-Geschichte ein, die sich mit dem „Aber“ beschäftigt.

Sie heißt „Das Aber in dir“.

Lies sie langsam und lass dich nach und nach in die Stimmung der Geschichte hineinfallen.
Folge dabei den inneren Prozessen, die angeboten werden, fühle dich aber dennoch frei, auch ganz anders zu empfinden. Sei ehrlich mit dir.

Nimm dir Zeit, um bewusst zu fühlen.

Das Aber in dir

Du könntest wirklich zufrieden sein. Du sitzt in deinem bequemen Sessel und schaust dich um.

Deine Wohnung ist so schön. Alles, was du in deiner Wohnung siehst, gefällt dir.
Sie wirkt aufgeräumt, ist wunderschön eingerichtet, mit Liebe und mit Bedacht jedes einzelne Stück ausgewählt, und du erinnerst dich an die Momente, in denen du dich entschieden hast für bestimmte Farben, Dekorationen und Möbelstücke.
Alles ist von dir, deine Wohnung ist ein Ausdruck deines Seins, so könntest du es nennen.
Alles spiegelt dich wider. Ein größerer Raum außerhalb von dir, der aus dir heraus entstanden ist.
Einfach schön.
Für einen Moment schwelgst du in diesem Gefühl, während du dich weiter umschaust.
Zu kurz weilt dieser Moment.

Denn dann bleibt dein Blick an winzigen Dingen auf dem Küchentisch hängen.
Es sind Krümel, die auf dem Tisch liegen.
Klitzekleine Krümel.
Und obwohl sie so klein sind, haben sie wie aus dem Nichts dein Gefühl von Schönheit und Harmonie zunichte gemacht. Einfach hinweggewischt. Ärger steigt in dir hoch. Wahrscheinlich nicht nur wegen der Krümel, sondern deswegen, weil sie so schnell deine harmonische Stimmung zunichte machen konnten.

Alles war schön, bis du dem Zeitpunkt, an dem du die Krümel entdeckt hast.
Und mit den Krümeln fallen dir weitere Dinge auf, die deinem Gefühl von Vollkommenheit im Weg stehen:

- die dreckige Wäsche,
- die Staubwolken in der Ecke,
- die Spülmaschine, die ausgeräumt werden sollte.

Wie ein Haar in der Suppe doch alles verändern kann. Oder eben ein paar Krümel. Ein kleiner Makel mit großer Wirkung.

Es erschreckt dich, und gleichzeitig bist du traurig.

Ein wenig melancholisch gehst du deinen Gedanken weiter nach.

Du musst dir innerlich eingestehen, dass du gerne auf diese kleinen Makel schaust, zum Beispiel, wenn du bei anderen Menschen einen Fleck auf der Hose siehst.
Dann erwähnst du diesen Flecken, anstatt dem Menschen zu sagen, wie schön er doch eigentlich aussieht. Denn dass er schön aussieht, findest du grundsätzlich auch.

Bei dir selbst bist du noch kritischer. Du kannst dich kaum an Momente erinnern, in denen du zu dir gesagt hast:

Es ist gut!
Du bist gut genug, so wie du bist.

Selbst bei einer Eins in der Schule hast du eher auf das Minus dahinter geschaut, auf den einen Fehler, der die Eins nicht ganz perfekt gemacht hat.
Dieses Minus war wie ein „Ja, aber“.
Dieses „Ja, aber“ machte die Eins weniger wert.
In erster Linie für dich selbst.
Und du hast es zugelassen.
Warum eigentlich?

Was ist erforderlich, damit du dich als gut genug ansiehst?
Du mal so richtig zufrieden mit dir bist?
Ohne Wenn und Aber?
Und du dir erlaubst, in dieser Zufriedenheit zu sein, einfach so?

Wieder spürst du Traurigkeit.

Was ist nötig, um genug zu sein?
Um *dir* selbst genug zu sein und auch andere gut genug zu finden, so wie sie sind?

Wie kann man überhaupt den Wert eines Menschen definieren?

Diese Fragen bewegen dich.

Und du lässt dir Zeit, sie in dir wirken zu lassen.

Es ist eine Suche nach dir selbst, nach deinem ureigenen Wert. Eine Suche, die wohl alle Menschen in sich tragen und die sie antreibt, ob sie es wissen oder nicht.
Die Gewissheit, dass du bei dieser Suche nicht alleine bist, entlastet dich ein wenig.

Aber wo willst du suchen?
Wo hast du bisher gesucht?
Es sind Fragen, die du dir immer wieder stellst.

Immer woanders hast du gesucht, nie bei dir.
Du hast dich im Außen gesucht, bei anderen Menschen, bei Erfolgen, bei Wertigkeiten, die in der Regel Andere definieren oder in Geld bemessen werden.
Aber es hat dich nie bleibend glücklich gemacht, diese Werte waren vergänglich und hatten immer ein „ja, aber".
Oder?

Wann ist es für dich gut genug?

Für einen Moment stellst du dir vor, gut genug zu sein und diese Vorstellung löst ein warmes Gefühl in dir aus.
Es fühlt sich an, wie endlich zuhause anzukommen, endlich nichts mehr tun zu müssen. Sich nicht mehr vergeblich anzustrengen.
Es fühlt sich gut an. Vielleicht ein bisschen ungewohnt. Aber gut.

Und für einen Moment genießt du einfach dieses Gefühl.

„Ich bin genug".

Nicht mehr und nicht weniger.
Kein Adjektiv muss dazu kommen, was dieses „genug“ beschreibt.
„Du bist genug“. So, wie du bist.

Eine Welle von Entspannung und Dankbarkeit erreicht dich.
Es fühlt sich schön an, sich genug zu finden.
Einfach so genug zu sein.

Und du fühlst ganz hinein in diesen Satz:

Ich bin genug.

Was löst er in dir aus? Fühle hinein. Und nimm dir Zeit dafür.

-Pause-

Wenn du magst, bleibe in deinen Gefühlen, lasse sie weiterwirken und beende hier die Geschichte.

...

Wenn du weiter folgen magst, bleibe in deiner bewusste Achtsamkeit und lass die angebotenen Erkenntnisse weiter auf dich wirken.

Vielleicht hat der Satz „Ich bin genug“ in dir ein Gefühl von „Einfach Sein“ ausgelöst. Ein Sein, was völlig unabhängig ist von irgendwelchen Leistungen, von Beschreibungen, von Titeln, von Makeln oder anderen Zu-Schreibungen. Ein Sein, was du gut spüren kannst und was sich gut anfühlt.

Dieses Sein kannst du auch mit zwei Worten ausdrücken:
Ich bin.

Ich bin.

Danach kommt nichts mehr, weil es nichts mehr bedarf.
Weil alles Mehr sogar etwas wegnehmen würde von dir.

Weil alles, was du daran hängen würdest, etwas anderes ausschließen würde.

Aus „Ich bin genug“ kann somit schlicht und einfach ein „Ich bin“ werden. Fast wie selbstverständlich. Oder?

„Du bist alles, was ist“, könnten wir auch sagen.

Kommst du mit dieser Größe zurecht?

Du spürst nach, solange du kannst und magst.

- Pause -

Erst, wenn du dir genug Zeit zum Nachspüren genommen hast, kehrst du in deinen Alltag zurück.

Und vielleicht machst du hier eine Pause, bevor du weiterliest und weiterarbeitest. Aber auch das ist nur ein Angebot.

Halte auf jeden Fall schriftlich fest, was du festhalten möchtest.

Raum für deine Reflexion

Fühl dich ein

Das wichtigste Werkzeug, das du gebrauchen wirst, um dich und andere besser zu verstehen, ist die Bereitschaft zum Einfühlen. Einfühlen in dich und in andere. Am besten sogar gleichzeitig, aber setz dich nicht unter Druck, du wird es nach und nach üben können, wenn du willst.

Du hast sicherlich schon in den ersten beiden Übungen bemerkt, dass sich viel Emotionales in dir zeigt, dass Vieles hochkommt, was gefühlt werden möchte.
Es zeigt sich auch Vieles an Gedanken, die wiederum neue Emotionen auslösen können.

Das alles ist manchmal so unüberschaubar, dass man sich nach jemandem sehnt, der beim Sortieren hilft.
Und dieses Ordnen und Sortieren fällt leichter, wenn jemand dabei ist, der einfach nur akzeptierend zuhören und sich einfühlen kann.

Du wirst derjenige sein, der die Rolle des Zuhörenden und desjenigen übernimmt, der beim Sortieren hilft.
Glaube daran, dass du das kannst.

Hier darfst du dieses Einfühlen noch ein wenig üben, wenn du magst.

Es ist gar nicht viel erforderlich, nur deine Bereitschaft, bestimmte Verhaltensweisen wegzulassen, ist wichtig. Zu diesen unerwünschten Verhaltensweisen zählen

- der Drang, sich zu rechtfertigen,
- der Wunsch, das Ganze beenden zu wollen,
- und Impulse, das Gehörte bewerten zu wollen.

<u>Das, was du tun darfst</u> und damit das, was zu den erwünschten Verhaltensweisen zählt, ist

- eine offene Haltung einzunehmen, die
- die Einstellung ausdrückt, dass du bereit bist, dir alles anzuhören, was gesagt wird,
- unabhängig davon, ob du das Gesagte genauso siehst oder nicht.

Es geht nur um Verstehen. Absichtslos und anteilnehmend.

Und Verstehen hat nichts mit Einverstanden Sein zu tun.
Ob du mit dem Gesagten einverstanden bist, ist etwas Anderes. Du darfst grundsätzlich immer anderer Meinung sein, aber du stellst deine Meinung gegebenenfalls zurück und äußerst sie nicht. Du übst dich damit in Zurückhaltung.

Beim Einfühlen geht es ausschließlich darum, demjenigen, dem du zuhörst, deine ganze Aufmerksamkeit zu widmen, die du aufbringen kannst.

Du stellst Raum zur Verfügung. Deinen Raum. Dein Gewahrsein.

Dieser Raum ist allumfassend zu sehen, denn du kannst diese Einstellung überall und jederzeit praktizieren:

Im Gespräch mit *dir* und im Gespräch mit *anderen*. Diese Einstellung ist hilfreich, heilsam, beruhigend, entlastend, verbindend und ein Ausdruck von Liebe.
Versuche es!

Dritte Übung „das Feuerwerk“

Erinnere dich für eine kleine Weile an eine Szene aus deiner Kindheit, in der du dich einfach nur nach Verständnis gesehnt hast, nach jemandem, der dir zuhört und zwar so lange, bis du dich verstanden fühlst.
Vielleicht gab es eine Person in deinem Leben, von der du dieses Verständnis bekommen hast. Manchmal war es die Oma, manchmal die Patentante, manchmal ein Freund, manchmal auch die eigene Mutter.

Erinnere dich, wie diese Person sich verhalten hat.

Wenn du keine solche Erinnerung aus deiner Kindheit finden kannst, gibt es vielleicht in deinem jetzigen Leben einen Partner oder einen Freund, der dich voll und ganz verstehen kann.
Nimm dir Zeit.

Finde ihn jetzt vor deinem inneren Auge und frage dich:

Was tun diese Menschen genau, wenn sie Verständnis zeigen?

Hier eine mögliche Antwort:

- Sie hören nur zu.
- Sie sind aufmerksam und nicht abgelenkt.
- Sie tun nichts anderes als zuhören.
- In der Regel sagen sie erst einmal nichts.
- Sie versuchen zu verstehen, worum es dir geht.
- Sie strahlen eine Offenheit und Zugewandtheit aus, die dir signalisiert, dass du so sein darfst, wie du bist.
- Sie stellen sich mit ihren Ansichten zurück. Solange, wie es eben braucht. Sie sind somit ganz bei dir. Und sie sind gerne bei dir und dem, was dich beschäftigt.

- Sie signalisieren dir: Du bist wichtig!

Im Folgenden wirst du derjenige sein, der dieses Verständnis zu zeigen versucht.

Aufgabenbeschreibung:

Begebe dich in Gedanken in einen Supermarkt, wo du folgende Szene beobachtest:

Ein kleines Kind steht vor einem Regal voller Süßigkeiten und bleibt stehen. Die süßen Dinge sehen verlockend aus, und natürlich möchte das Kind welche nehmen. Es bittet und bettelt seine Mutter an. Die Mama jedoch möchte keine kaufen.
Das Kind will ihr Nein nicht akzeptieren und beginnt zu schreien, zu schimpfen und sich auf den Boden zu schmeißen. Es explodiert förmlich wie ein Feuerwerk.
Die Mutter versucht zwar, ihr Kind zu beruhigen, aber es gelingt ihr nicht.
Es wird immer schlimmer, das Kind beginnt, wütend auf seine Mama einzuschlagen und sie anzuschreien.
Es sagt: „Doofe Mama, du bist gemein, nie kaufst du mir etwas“. Verzweifelt und wütend haut es um sich. Es schreit, weint und wimmert.

Aufgabe:

Versetze dich gedanklich in die Rolle der Mutter und versuche, als Mutter Mitgefühl für dein Kind zu empfinden. Du tust also für einen Moment so, als wenn du die Mutter des Kindes wärst.

Dabei schaust du dein Kind an, siehst, wie verzweifelt und ärgerlich es ist, und lässt es wütend sein.
Du gibst dich liebe- und verständnisvoll.

Tue sonst nichts, außer, dass du dich vor den Schlägen schützt, indem du das Kind ganz sanft, aber doch bestimmt festhältst.
(alles natürlich in Gedanken und in der Vorstellung)

Spüre, wie schwer oder wie leicht dir diese Aufgabe fällt.

- Pause -

Aufgabe:

Dann löse dich bewusst aus der Rolle der Mutter. Sei für einen Moment ganz du selbst, nimm deinen Körper wahr und atme tief ein und aus. Vielleicht schüttelst du auch ganz bewusst deine Arme aus und lässt so die Rolle von dir abfallen.
Dann gehe in eine neue Rolle. Du versuchst jetzt, Mitgefühl mit der Mutter zu entwickeln. Du fühlst dich also ganz in die Mutter ein. Folgende Fragen können dich leiten:

Welche Gedanken gehen ihr wohl durch den Kopf?
Wie fühlt sie sich dabei?
Was wünscht sie sich wohl am meisten und warum?

Bleibe positiv, denn dein einziges Ziel ist es, zu verstehen, wie es der Mutter in dieser Situation geht.
Nimm dir Zeit.

Spüre, wie leicht oder schwer es dir fällt, dich ganz in die Mutter einzufühlen.

- Pause -

Beende die Übungen und reflektiere:

1. Konntest du deine eigenen Ansichten beim Einfühlen ganz heraushalten?
2. Konntest du deine eigenen Gefühle zurückstellen?
3. Konntest du eigene Handlungsimpulse, auch in Form von Urteilen, wahrnehmen und kontrollieren?

Es geht hier nur um achtsames Reflektieren, also vermeide es, dich selbst in ein schlechtes Licht zu rücken. Alles, was du gibst, ist gut genug!

Versuche, wenn du magst, diese Mitgefühl-Übung immer wieder in deinen Alltag zu integrieren und zu wiederholen.
Das schult deine Wahrnehmung und deine Fähigkeit, andere Menschen in ihren Prozessen zu begleiten.

Raum für deine Reflexion

Deine Wut

Vierte Übung „Das Auseinandersetzen"

An der Überschrift erkennst du bereits, worum es geht.

Das Wort „Auseinandersetzung" bedeutet in unserem Alltag, dass wir uns mit einem Thema beschäftigen und gegebenenfalls mit einer Person, die bezüglich dieses Themas eine andere Meinung vertritt als wir selbst. Wir setzen uns dann mit unterschiedlichen Argumenten und Ansichten auseinander, wägen ab, und überprüfen bestenfalls, ob sich durch den Austausch eine neue, vielleicht gemeinsame Sicht auf das Thema ergibt.
Manchmal haben wir dabei das Bedürfnis, unsere Sichtweise zu verteidigen, und wir nehmen es persönlich, dass jemand anderes eine Meinung vertritt, die wir nicht teilen können. Wir fühlen uns angegriffen, der andere wird dabei zum potentiellen Feind, und es entsteht schnell Streit. Wir wollen unsere Position behaupten, manchmal ohne Sinn und Verstand. Es geht dann nur noch ums Gewinnen und nicht mehr um einen konstruktiven Austausch von sachlichen oder überzeugenden Argumenten.

In dieser Übung geht es um einen konstruktiven und zugewandten Dialog. Und es kommt noch etwas hinzu:
Das wörtliche und wirkliche Auseinander-setzen.

Vielleicht assoziierst du das Auseinandersetzen mit vergangenen Erfahrungen aus der Schule. Dort mussten wir uns auch öfter auseinandersetzen, um den Abstand zwischen den Stühlen und Tischen zu vergrößern, damit keiner auf das Heft des Nachbarn schauen konnte.
Das fanden wir damals nicht sonderlich gut.

Hier sollst du dich jedoch wohl fühlen, auch, wenn es eine intensive Übung für dich werden kann.
Denn wir wollen uns ein bestimmtes Gefühl anschauen, damit wir es besser verstehen können.

Dafür setzt du dich mit ein wenig Abstand zu deinem Gefühl hin und setzt dich damit sowohl äußerlich als auch innerlich mit deinem Gefühl auseinander.

Ist das ok für dich?

Es geht um das Thema Wut.

Einstimmung:

Mach dich zunächst bereit, dich auf dieses Thema einzulassen.

Spüre, wie groß deine Bereitschaft ist.
Einfach nur wahrnehmen. Mehr nicht.

Und bewerte die Stärke deiner Bereitschaft auf einer Skala von 0 bis 10.
0 heißt, es ist keine Bereitschaft vorhanden,
10 heißt, super viel Bereitschaft ist da.

Über 5 solltest du sein.

Wenn du unter 5 bist, wähle einen anderen Zeitpunkt oder erinnere dich an dein Ziel.

- Du möchtest Frieden schließen und ein Lebensgefühl von Einklang entwickeln.

Überprüfe, ob deine Bereitschaft über die Note 5 gestiegen ist.

Dann beginne jetzt mit der Übung und beantworte für dich folgende Fragen:

- Was bedeutet für dich Wut?

- Was assoziierst du mit dem *Begriff* Wut?

- Was assoziierst du mit dem *Gefühl* Wut?

- Welche Erinnerungen erreichen dich, wenn du an „wütend sein“ denkst?

Wenn du magst, nimm dir ein großes weißes Blatt Papier und notiere deine Gedanken, Impulse, Bilder, Wörter, so, wie es dir jetzt in den Sinn kommt.
Oder du nutzt die folgende leere Seite.

Lass dir Zeit.

Meine Gedanken, Impulse, Bilder, Wörter und Assoziationen zum Thema Wut

Vielleicht bist du an einer konkreten Situation hängen geblieben, in der du richtig wütend warst. Vielleicht ist sie gar nicht lange her. Nimm dir wiederum ein wenig Zeit, um diese Erinnerung in dir für eine Weile aufleben zu lassen.
Nimm dir auch Zeit dafür, das Gefühl der Wut zu spüren. Erlaube es dir, wenn es nötig ist.
Spüre in deinen Körper hinein.

<u>Beantworte dann folgende Fragen:</u>

- Was hat dich wütend gemacht?

- Auf wen oder was warst du wütend?

- Wo in deinem Körper spürst du die Wut genau?

Und jetzt stelle im wahrsten Sinne des Wortes Abstand her.

<u>Aufgabe</u>:

Setze dich mit deiner Wut auseinander.

Dafür besorgst du dir gedanklich einen weiteren Stuhl.

Du kannst dir auch in reeller Form zwei Stühle nehmen und sie im Raum aufstellen.
Du als Beobachter sitzt auf dem einen Stuhl, du mit deiner Wut und der erinnerten Situation auf dem anderen.
Du hast dich sozusagen aufgeteilt.
Ein ganz neutraler Beobachter und ein wütender Teil von dir auf zwei unterschiedlichen Stühlen.

Und jetzt stelle fest, ob dir der Abstand zwischen den Stühlen passend erscheint und ob du dich wohl fühlst mit diesem Abstand. Ansonsten korrigierst du den Abstand noch einmal.

Überprüfe den Abstand in Ruhe.

Teil 1 der Aufgabe:

Jetzt setzt du dich ganz bewusst auf den Beobachterstuhl und schaust auf dich, den wütenden Anteil auf dem anderen Stuhl.
Du selbst bist stabil, neutral, offen in der Haltung, auch offen in deiner Einstellung.
Für dich ist es ok, wenn jemand wütend ist. Wenn nicht, versuche, Akzeptanz in dir zu aktivieren. Lass dir, wenn es nötig ist, Zeit dafür.

Beantworte dann folgende Fragen:

- Was siehst du?

- Was empfindest du, wenn du den wütenden Anteil von dir siehst?

- Auch wenn du dich nicht magst, kannst du erahnen, was der wütende Teil von dir brauchen kann?

- Wenn du es nicht erahnen kannst, dann frage ihn und höre der Antwort zu. Spüre dabei, wie du als Beobachter einfach nur dasitzt und dem wütenden Anteil zuhörst.

Teil 2 der Aufgabe:

Jetzt tausche die Rollen.
Du verlässt den Beobachterstuhl und setzt dich imaginär oder reell auf den Stuhl mit dir als wütendem Anteil.

Lass dir Zeit und spüre diese Rolle.

- Spüre die Wut.

- Versuche wahrzunehmen, worum es geht.

- Was wünschst du, der wütende Anteil, dir eigentlich?

- Woran würdest du bemerken, dass es dir besser geht?

Nimm dir so viel Zeit, wie du brauchst.

Versuche, dranzubleiben und ganz aufmerksam zu sein.

- Wenn du magst und wenn es dir guttut, sprich aus, was du dir wirklich wünschst.

Dann beende die Übung.

Setze dich zurück auf den ersten Stuhl, auf dem du zuerst gesessen hast und beginne, tief ein und auszuatmen.

Versuche, nach und nach die Ausatmung zu verlängern.
Gebe in die Ausatmung alles hinein, was du hineingeben möchtest, Gefühle, Gedanken, Erinnerungen, Ungeliebtes.
All das, was du nicht mehr brauchst und haben magst.
Du kannst darauf vertrauen, dass das, was dein System verlassen will, zusammen mit dem Ausatemstrom hinausgeatmet wird.

Kehre erst in deinen Alltag zurück, wenn du dich gut und dich bereit dafür fühlst.

Überlege, ob und was du schriftlich festhalten möchtest.

Vielleicht verändern sich deine Erfahrungen mit dem Thema Wut in der folgenden Zeit.
Sei achtsam und aufmerksam.

Erinnere dich hin und wieder an deine liebevolle Haltung dir selbst gegenüber. Wenn es dir schwerfallen sollte, wiederhole die ersten beiden Übungen.

Raum für deine Reflexion

Deine Traurigkeit

Vielleicht wirst du bereits jetzt traurig, weil die Worte der Überschrift in dir wirken. Lass es so sein.
Alles ist gut.
Denn wie oft verbieten wir uns, wirklich traurig zu sein.
Und das muss doch nicht sein, oder?

Vielleicht ist es bei dir aber auch anders und du hast mit Traurigkeit gar kein Problem.
Wenn es so ist, müsstest du in diesem Moment für dich und das Leben voller Liebe sein. Auch, wenn du traurig bist.

Wenn du noch ein bisschen Übung brauchst, um Traurigkeit mit Liebe zu empfangen, dann hast du jetzt die Gelegenheit, dich mit deiner Traurigkeit zu beschäftigen und dich auf sie einzulassen.
Und du weißt aufgrund der vorherigen Erklärungen, dass ein attraktives Ziel zu erreichen ist:

- Die Traurigkeit in Liebe zu wandeln.

Man kann es auch so sagen:

- Die niedrigere Schwingung der Traurigkeit in die hohe Schwingung der Liebe zu heben.

Dafür ist erforderlich, dass du erkennst und anerkennst, dass es bisweilen einen traurigen Teil in dir gibt und du ihn nicht von ganzem Herzen annehmen kannst. Du fühlst dich nicht liebevoll mit deiner Traurigkeit. Und das darf sein.

Hörst du das? Das darf sein.

Wie schnell fällen wir ein inneres Urteil dahingehend, dass etwas nicht sein darf, dass wir schon wieder versagt haben, usw.
Kennst du das?

Das ist das Wichtigste. Das du es erkennst.

Wir Menschen neigen dazu, uns zu beurteilen, uns zu verurteilen und uns in der Folge schlecht zu fühlen.
Wenn wir dann versuchen, es besser zu machen, und wieder versagen, fühlen wir uns noch schlechter.

Diesen Teufelskreis zu beenden gelingt nur, indem du anerkennest, dass diese oder ähnliche Prozesse in dir ablaufen.
Dass du

- urteilst,
- verurteilst,
- aburteilst.

In dem Moment, in dem du es erkennst, kannst du den Kreislauf stoppen und die Verantwortung dafür übernehmen. Verantwortung zu übernehmen bedeutet, dass du erkennst, dass diese Prozesse in dir ablaufen, dass du also der Urheber all dessen bist. Urheber zu sein bedeutet nicht, dass du hilflos bist. Es bedeutet, dass du alle Macht hast, etwas zu ändern, also die Verantwortung für dein Lebens- Glück übernehmen kannst.
Niemand kann Glück für dich machen. Das musst du selbst tun. Und daran glauben, dass du es kannst, solltest du auch.

Hier und jetzt geht es um deine Traurigkeit und darum, wie du zu ihr stehst und wie du mit ihr umgehst.

Überprüfe jetzt gleich, ob du den Impuls hast, einfach weiter zu blättern und die Übung auszulassen ☺

Das wäre nicht schlimm, es geht immer nur um die Wahrnehmung dessen, was ist, und um deine Bereitschaft zur Verantwortung für das, was in dir ist.
Du darfst immer Ja oder Nein sagen, aber entscheide dich bewusst.

Und fühle, wie sich in dir ein Ja oder ein Nein anfühlt.

Nichts weiteres wird von dir verlangt.
Nichts weiteres ist nötig.
Glaube es.
Wenn du es glaubst, öffnet sich ein Raum, in der du der Liebe begegnest.

Fünfte Übung „Hingabe“

Nimm dir Zeit für dich.
Entscheide dich bewusst.
Entscheide dich auch, wenn du bemerkst, dass es dir schwerfällt, dich zu entscheiden.

Und dann beginne langsam, dich auf dich selbst zu besinnen.

Dabei richtest du all deine Aufmerksamkeit auf dich und beobachtest, was in dir vorgeht.

Atme gleichmäßig.
Nimm dir zumindest vor, gleichmäßig zu atmen, denn es kann immer wieder sein, dass du vergisst, tief ein- und auszuatmen.

Jetzt klappt es ganz gut, du atmest langsam ein und noch viel langsamer wieder aus.

Dabei wirst du immer ruhiger.

Es ist schön für dich, ruhig zu werden. Nimm es wahr.

Und in der Ruhe öffnest du dich für folgende Fragen:

- Was macht mich traurig?

- Wann bin ich das letzte Mal traurig gewesen?

- Wann habe ich das letzte Mal geweint? Und warum?

Lass dir Zeit.

Und bestimmt kannst du dich an Situationen aus deinem Leben erinnern, in denen du sehr traurig warst.

Es kann zum Beispiel sein,

- dass jemand gestorben ist,
- eine Beziehung zu Ende gegangen ist,
- oder du dich von einem lieben Menschen verabschieden musstest.

Es kann auch sein,

- dass du eine traurige Geschichte miterlebt hast bei einem Menschen, der dir sehr nah und lieb gewesen ist.
- Oder du dich an einen Film erinnerst, der ein sehr anrührendes und für dich trauriges Ende genommen hat.

Nimm dir für die nächsten Minuten Zeit, um die ausgewählte Situation vor dein inneres Auge zurückzuholen, und lass die Gefühle in dir hochsteigen, die in dieser Situation entstanden sind, die vielleicht auch immer wieder entstehen, wenn du an diese Situation denkst.

Wenn es dir leichter fällt oder sogar guttut, dann mach dir schöne oder melancholische Musik an; sie kann dich in deine Gefühle tragen.
Erlaube es dir.

Fühle deine Traurigkeit.
Vielleicht das erste Mal, ohne dich um etwas anderes kümmern zu wollen.

Deine Zeit, deine Energie, deine Aufmerksamkeit, alles ist da für dich und deine Traurigkeit.
Lass es zu.

Sieh es als Geschenk, jetzt traurig sein zu dürfen.

Spüre sie in deinem Körper, nimm wahr, wie sie sich anfühlt, beobachte, wie sie sich in dir ausbreitet.

Atme in deine Traurigkeit hinein. Versuche sogar, sie zu vergrößern.

Setze ihr keine Grenzen, lass alles zu, was deine Traurigkeit jetzt möchte.
Sage Ja zu ihr.

Sage Ja zu *dir*.

Und dann beginne langsam und auf deine Weise, dich selbst zu beobachten.
Dabei löst du einen Teil deiner Aufmerksamkeit von dir und steigst ein wenig aus dir heraus, so als wenn du dich von oben betrachten könntest.
Du betrachtest also dich, und bist gleichzeitig in dir und in deiner Traurigkeit.
Versuche, beide Rollen zu halten.

<u>**Dann** gehe in die Beobachterposition und beantworte dir folgende Fragen:</u>

- Was fühlst du genau?

- Wonach sehnt sich der Anteil, der traurig ist?

Nimm dir Zeit und nimm nur wahr. Höre zu.
Bewerte nichts.
Lass es geschehen.

Spürst du,

- wie schön es ist, alles so zu lassen, wie es sich grad ereignet?

- Jemandem zu erlauben, seine Gefühle ganz und gar zu durchleben?

Spüre noch einmal mit diesem Blickwinkel hinein.

Und vielleicht erreicht dich jetzt ein neues bisher unentdecktes Gefühl. Es ist tief, innig und voller Liebe.
Es ist durch Hingabe entstanden.
Deiner Hingabe.

In der tiefsten Traurigkeit ist bedingungslose Liebe zu finden.
Spürst du sie?
Liebe entsteht, wenn du dich dem hingibst, was ist.

Vielleicht atmest du jetzt wie von selbst tief ein und wieder aus.
Die Ausatmung hat etwas von Loslassen.
Ja, du lässt alle Spannung los.

Und gibst dich gleichzeitig noch mehr hinein in das, was ist.

- Pause –

Nun <u>verlasse deine Beobachterrolle</u> und kehre wieder ganz zurück zu dir.
Vielleicht spürst du eine besondere Innigkeit zu dir und deiner Traurigkeit.
Vielleicht spürst du, wie es ist, wenn du dich selbst trösten kannst.

Nimm dir dann die Zeit, die du brauchst, um dich von dieser Situation und der Übung zu verabschieden.
Atme bewusst noch tiefer ein und aus und öffne deine Augen erst, wenn du eindeutig den Impuls dazu wahrnimmst.

Kehre erst dann in deinen Alltag zurück, wenn du wirklich möchtest.
Gönne dir diese Zeit. Sie ist kostbar.

Und überlege, was du schriftlich festhalten möchtest.

Vielleicht möchtest du dich sogar bei deiner Traurigkeit bedanken, so, wie es im folgenden Brief zu lesen ist:

Geliebte Traurigkeit

Geliebte Traurigkeit. Du bist mir so vertraut.

Du sorgst dafür, dass ich regelmäßig in deine Tiefe sinke.
Eine Tiefe, die so intensiv ist, dass ich mich von nichts anderem mehr ablenken lassen kann.
Nichts anderes kann mich dort herausreißen, nichts anderes wirkt attraktiver.
In dir bin ich geborgen, in dir bin ich sicher.
Nirgendwo anders möchte ich hin.

Und doch bin ich auf der Suche.
Ich suche nach dem Grund meiner Traurigkeit. Kannst du mir erklären, warum ich so traurig bin, liebe Traurigkeit?
Und warum ich dich trotzdem so mag?

Es scheint mir, dass ich mich besonders mit *dir* wohl fühle, auch wenn du eine tiefe Schwere mitbringst.
In dieser Schwere kann ich mich niederlassen, so dass ich mich nicht mehr bewegen mag.
Ich sinke in dich hinein, du umhüllst mich. Ich möchte gar nicht mehr aus dir hinaus.
Ich werde zu dir. Ich bin dann Traurigkeit. Vertraute Tiefe.

Warum mag ich dich so?

Ich weiß, dass viele Menschen dich nicht mögen, sie lehnen dich zutiefst ab.
Manche zweifeln sogar an ihrem Leben, weil sie nicht mehr traurig sein mögen.

Ich dagegen mag es, traurig zu sein.

Und ich weiß um deine Bedeutung.
Vielleicht macht das den Unterschied.

Denn ich habe die Erfahrung gemacht, dass du immer in ganz besonderen Momenten in meinem Leben in Erscheinung trittst.

Ja, es sind die großen Momente, die du dir nimmst.

Manchmal kommst du unerwartet, manchmal näherst du dich langsam, aber doch spürbar an.
Und dann nimmst du dir deinen Raum, und *ich* mir deine Tiefe. Ich kann gar nicht anders. So anziehend bist du.

Auch wenn ich dich nicht wollen würde, könnte ich dich nicht abwehren. Deswegen habe ich es mir zur Gewohnheit gemacht, dich willkommen zu heißen, dich sogar zu genießen.

Es ist eine besondere Art des Genusses, weil es kein leichter Zustand ist. Das bist eben du, du schwere tiefe Traurigkeit.

Ich habe dich liebgewonnen. In dir kommen mir die wichtigsten Erkenntnisse, mit dir fließen durch mich die schönsten Worte.

Du führst mich hin zu einer Quelle, die ihren Ursprung tief in dir offenbart.

Durch dich erkenne ich, wonach ich mich wirklich sehne.

Du zeigst mir, wo ich wirklich sein möchte.

Du offenbarst mir, wo mein Zuhause ist.
Woher ich komme.
Wohin ich gehe.
Du zeigst mir den Weg zu meinem Zuhause, das ich nur in mir finden kann.

Das sind die besonderen Momente, in denen du zu mir kommst.

Die Momente, in denen ich fast vergessen habe, wo ich suchen muss. In denen ich mich zu lange im Außen aufgehalten habe, mich zu sehr von mir und dir entfernt habe.

Deswegen änderst du einfach deine Schwingung.

Je weiter ich mich von dir entferne, desto trauriger erscheinst du in mir. Denn eigentlich weist du mir den Weg zur Liebe.

Liebe zu allem, was ist.

Danke, liebe Traurigkeit.
Denn eigentlich bist du Liebe, du liebe Traurigkeit.

Raum für deine Reflexion

Dein Bedauern

Kennst du das Gefühl, etwas am liebsten rückgängig machen zu wollen, was nicht mehr rückgängig gemacht werden kann, weil es geschehen ist?
Weil du es getan, gesagt oder angerichtet hast?

Vielleicht ist es verbunden mit dem Bedürfnis,

- im Boden versinken zu wollen,
- sich in einem Mauseloch verstecken zu wollen,
- oder einfach die Hände vor die Augen zu halten und zu sagen „ich sehe dich nicht, du siehst mich nicht, vor allem nicht das, was ich getan habe, es ist einfach nicht geschehen!"

Vielleicht magst du dich nicht so gerne an eine derartige Situation erinnern, und doch bin ich mir sicher, dass auch du schon einmal so etwas erlebt hast.

Hier bekommst du die Gelegenheit, die Gefühle, die damit verbunden waren, durchzufühlen und damit zu heilen.

Sechste Übung „Meditation Befreiung“

Stelle sicher, dass du für die folgenden Minuten nicht gestört wirst.
Dies ist wichtig, damit du die Meditation nicht unterbrechen musst.
Denn wenn man unterbrochen wird, kann man oft nicht mehr so richtig einsteigen und es bleibt (mal) wieder so einiges ungefühlt zurück.
Das willst du sicher nicht.
Du möchtest die Dinge zu Ende bringen. Oder?

Setze oder lege dich dann bequem hin und schließe deine Augen nach außen.

Du lässt einfach die Schwerkraft für dich arbeiten, deine Augenlider möchten sowieso nach unten fallen, deine Augen sehnen sich nach Erholung.

Einfach mal nichts tun, nur entspannen.

Und du willst einfach mal alles loslassen. An nichts denken, keine Aufgaben erledigen, keine Pflichten erfüllen.
Einfach *nur sein* und doch das Gefühl haben, dass alles da ist, was du benötigst. Dass alles Wichtige erledigt wird, auch ohne dein Zutun.
Eine schöne Vorstellung ist das.

Eine Welle von Dankbarkeit erreicht dich.

Es ist schön für dich, nichts tun zu müssen, dich einfach nur fallen zu lassen. Und dieses Fallenlassen ist so leicht.

Du gibst dich hinein in dieses „immer tiefer sinken“, und du bemerkst, dass du immer weiter hinein gleitest in dich, in deine Tiefe. Sie fühlt sich geborgen und sicher an.

Es wirkt, wie umhüllt zu sein und geborgen zu sein in Armen, die dich beschützen und nähren.

Genieße es, und erlaube dir, es zu genießen.

Und dann beginnst du, dich zu erinnern an eine Situation aus deinem Leben, die du als sehr unangenehm empfunden hast. Unangenehm war sie, weil du sie im nach hinein zutiefst bereut hast. Und bis zum heutigen Tag hast du dir immer wieder gewünscht, dass du diesen Vorfall aus deinem Leben hättest anders lösen können. Oder ihn zumindest aus deiner Erinnerung hättest streichen können.

Vielleicht dauert es eine kleine Weile, bis du diese Situation genau vor deinem inneren Auge sehen kannst.

Vielleicht braucht es aber auch nur deine Entscheidung, sie vor deinem inneren Auge aufkommen zu lassen.

Und jetzt ist sie da.
Du bemerkst es an dem unangenehmen Gefühl, was mit dieser Situation in Zusammenhang steht.
Du fühlst dich wie damals.
Und schon wieder könntest du im Erdboden versinken.

- Was war es eigentlich, was du so bereust, getan zu haben?
- Oder nicht getan zu haben?

- Was war es, was du erlebt hast?

- Was genau war so unangenehm?

Nimm dir Zeit, alles noch einmal genau zu fühlen. So viel Zeit, wie du brauchst.

- Pause -

Und jetzt veränderst du etwas Gravierendes:

Du entscheidest dich, die Situation noch einmal neu zu erleben. Es ist, als wenn du den Film, also deinen Lebensfilm, zurückspulst und kurz vor derjenigen Stelle die Stopp-Taste drückst, wo du aus heutiger Sicht anders handeln oder reagieren möchtest.

Und auch wenn du denkst, das ginge nicht, tue einfach so, als ob alles möglich wäre. Du schreibst deine Geschichte einfach nochmal neu.
Und du beginnst jetzt damit.

- Was möchtest du am liebsten sagen?

- Was möchtest du am liebsten tun?

Überlege so lange, wie du benötigst, um dir sicher zu sein, und dann setze es um.

- Tue es jetzt.

Vielleicht spürst du, dass es dir schwerfällt.
Vielleicht bemerkst du auch tiefe Gefühle.
Alles darf sein.
Es ist sogar wichtig und schön, dass du so empfindest, wie du empfindest.

Zeige dich so, wie du jetzt gerade bist.

Vielleicht möchtest du dich auch entschuldigen und deine Sätze beginnen mit:

- „es tut mir so leid, dass ....“,
- oder „ich bin erschrocken, dass ich ....“.

Finde du das Passende für dich heraus, dann ist es stimmig. Tue es bewusst und langsam.

Die nächsten Minuten sind nur für dich bestimmt.

- Pause -

Spüre nach.
Verankere die Erfahrungen in dir.

Löse dich dann langsam aus der Situation in einem Tempo, das für dich angemessen ist.

Vielleicht möchtest du dich bedanken, bei dir, bei einem anderen.
Dann tue das.
Und spüre ein letztes Mal nach.

Vielleicht ist ein Gefühl von Befreiung eingetreten, vielleicht auch von Dankbarkeit für das, was ist und war.

Vertiefe dann deinen Atem und versuche, deinen Ausatemstrom zu verlängern.
Gebe alles hinaus, was dein System verlassen möchte.

Praktiziere diese Atmung, so lange es dir guttut.

Dann öffne deine Augen und kehre in deinen Alltag zurück, wenn es für dich soweit ist.

Halte schriftlich fest, was du festhalten magst.

Raum für deine Reflexion

Deine Dankbarkeit

Nimm wahr, ob du bereits jetzt dankbar bist. Einfach dankbar dafür, dass du schon so viel geschafft hast:

- du hast dich mit dir selbst auseinandergesetzt,
- du hast dich mit dir beschäftigt,
- du hast dich gefühlt.

Viele Facetten von dir kennst du jetzt besser als zuvor. Und du weißt, dass Vieles möglich ist, was du vorher vielleicht nicht für möglich gehalten hast.

Viele Gründe, um dankbar zu sein.

Gib dir einen Moment, um genau diese Dankbarkeit zu finden und zu spüren.

Und dann stelle dir folgende Fragen:

- Was macht mich grundsätzlich dankbar?
- Sind es die großen oder die kleinen Dinge, oder beides?
- Sind es eher materielle Dinge oder auch spirituelle Erfahrungen?
- Sind es Erfolge oder habe ich auch schon nach Misserfolgen Dankbarkeit erlebt?

Spüre für eine Weile nach.

Nimm dir ganz bewusst Zeit dafür.

Siebte Übung „Die Dankbarkeitsblume“

Nimm dir ein leeres Blatt Papier und schreibe deine Stichworte auf. Dabei schreibst du das Wort Dankbarkeit in die Mitte des Blattes und drum herum schreibst du deine Assoziationen zum Thema Dankbarkeit.

Du kannst jedes Wort, jede Assoziation mit dem Wort Dankbarkeit verbinden, das in der Mitte steht, und schon entsteht deine Dankbarkeitsblume.
Schau sie dir an und lass sie wirken.

Im zweiten Teil dieser Übung gehst du ins Detail.
Für jedes Wort, das du aufgeschrieben hast, findest du deine Erklärung, mit folgender Satzverlängerung:

„dieses *Wort* ... verbinde/assoziiere ich deswegen mit Dankbarkeit, weil .....

Beispiele:

- Ich verbinde *Glück* mit Dankbarkeit, weil ich besonders glücklich bin, wenn ich dankbar bin.
- Ich verbinde die *Geburt meiner Kinder* mit Dankbarkeit, weil ich zu diesen Zeitpunkten besonders bewusst war.
- Ich verbinde die Erinnerung an *gute Nachrichten* mit Dankbarkeit, weil sie mich so erleichtert haben.
- Ich verbinde *Demut* mit Dankbarkeit, weil ich in dankbaren Momenten auch Demut empfinde für die Großartigkeit des Lebens an sich.

Wenn du magst, schreibe deine erweiterten Sätze hinein in dein Bild. Mach es so, wie es sich für dich stimmig anfühlt.

Du kannst deine Dankbarkeitsblume auch aus- oder anmalen und an einen besonderen Platz hängen.

Nimm dir deine Zeit dafür.

Und dann frage dich: Kannst du eigentlich Dankbarkeit empfinden dafür, dass du dankbar bist?

Diese Frage hat natürlich eine ganz neue Qualität, weil wir uns dabei auf eine höhere Ebene der Bewusstheit heben. Wir sind dankbar, weil wir dankbar sind.
Sich dies bewusst zu machen, fördert deine Achtsamkeit. In der Folge kann sich immer öfter bemerkbar machen, dass du deine Gefühle und inneren Prozesse beobachtest, dass sie dir auffallen. Du bist immer mehr bei dir. Und du empfindest Dankbarkeit dafür, dass du dich unabhängiger machst von äußeren Faktoren. Du beobachtest einfach, wie es dir geht und mit was du im Moment beschäftigt bist und bist dankbar dafür. Und du bist wiederum dankbar dafür, dass es so ist. So entwickelst du einen immer intensiver werdenden Bezug zu dir selbst und zum Leben. Dies wiederum fördert deine Dankbarkeit. Und Dankbarkeit zu empfinden ist fast das Gleiche wie das Leben zu lieben. So wie es ist.

Dankbarkeit und Liebe haben die gleiche hohe Schwingung.

Raum für deine Dankbarkeitsblume

Es gibt natürlich viele Übungen, eine Haltung von Dankbarkeit zu etablieren. Alle Übungen habe ihre Berechtigung und eine vergleichbare Absicht.

Dankbarkeit schwingt wie die Liebe, wie wir eben festgestellt haben.
Wenn wir Liebe empfinden, sind wir glücklich.
Und glücklich zu sein ist unsere Aufgabe. Dennoch fällt es uns bisweilen schwer, glücklich zu sein. Deswegen bekommst du hier noch ein weiteres Angebot für eine Übung in Dankbarkeit. Vielleicht kann sie dir helfen.

Übung: Die Dankbarkeitsliste

Die einfachste Übung, die Haltung von Dankbarkeit in seinem Leben umzusetzen und zur Gewohnheit zu machen, ist das Schreiben einer Dankbarkeitsliste.

Auch das kannst du imaginär in deinem Kopf machen, oder du machst es ganz konkret und schreibst dir deine Liste jeden Abend auf.
Dies schriftlich zu praktizieren ist deswegen vorteilhaft, weil du die Liste dann vor Augen hast und du sie jeden Abend erweitern kannst.
So wird sie Tag für Tag größer und länger, und Tag für Tag wirst du in der Folge mehr Dankbarkeit empfinden, weil du bemerkst, dass diese Praxis deine Wahrnehmung schult. Du achtest besonders auf die Dinge und Momente, die dich dankbar machen.
Und zusätzlich geschieht noch mehr.

Du bist immer öfter für die kleinen Dinge dankbar:

- für die Mohnblume, die nur für kurze Zeit und doch so wunderschön blüht,
- für den Morgen, an dem du ausgeschlafen dein Bett verlässt und den Tag beginnst,
- für ein Lachen, das dir von einem Fremden entgegenstrahlt,
- für einen freundlichen Gruß, den du aussendest, einfach so.

Irgendwann passiert es dann, dass du auch dankbar für scheinbar schlechte Momente oder Geschehnisse bist, die sich in deinem Leben ereignen.
Das ist deswegen so, weil du weißt, dass du viel aus diesen Geschehnissen lernen kannst. Und das macht dich wiederum dankbar.

Versuche, genau das umzusetzen.

Und vielleicht entscheidest du dich auch bei dieser Praxis, deine Erfahrungen schriftlich festzuhalten.

Ein Hinweis dazu:

Erinnerst du dich an die Meditations-Geschichte „Das Aber in dir“?

Es kann sein, dass dir auch bei dieser Übung ein Aber begegnet. Es schleicht sich immer wieder ein, und manchmal wird es bei solchen Übungen besonders groß. Wir wollen uns einer neuen Geisteshaltung öffnen und schon erreicht uns das genaue Gegenteil. Wir achten auf:

- All die Makel und Unvollkommenheiten, die wir in unserem Leben finden,
- all die Ärgernisse, die andere Menschen in uns auslösen,
- all die Unzufriedenheiten, die wir für uns, unseren Körper, unser Leben empfinden mögen.

Erlaube dir, diese Prozesse wahrzunehmen.

Und vielleicht dauert es ein wenig, bis du überhaupt so etwas wie Dankbarkeit empfinden kannst für die Dinge, für die du eigentlich dankbar bist, weil die scheinbar negativen so viel Raum einnehmen.
Lass es geschehen und lass ihnen diesen Raum. Vielleicht ereignet sich dann etwas, womit du gar nicht rechnest: du bist für diese vielen Abers dankbar. Denn wenn sie in dir sein dürfen, dann verlieren sie alsbald ihre zerstörerische Wirkung. Denn du lässt sie sein, du beobachtest sie, wie sie kommen, wie sie bleiben, und wie sie sich verändern. Bis sie an Wirkung auf dich verlieren. Und

bis du vielleicht auch ihre Botschaft richtig verstanden hast. Und dann spüre, wie dankbar du bist.
Es wird eine neue Dimension von Dankbarkeit sein können. Vielleicht deswegen, weil dich die vielen Abers das Positive in deinem Leben so unendlich mehr schätzen lassen und du so den Abers etwas Positives abgewinnen kannst. Und vielleicht auch, weil die Abers gar nicht so schlimm sind, wie du zunächst geglaubt hast, weil du zugehört und ihre Botschaft verstanden hast.

Und erinnere dich immer wieder an dein Ziel:

- Du willst Frieden finden. Frieden in dir und mit dir.
- Das möchtest du doch, oder?

„Möchtest du draußen stehen bleiben, wenn der ganze Himmel drinnen auf dich wartet?“[2]

Das Praktizieren von Dankbarkeit kann die Tür zum Himmel öffnen.
Denn sie führt dich zu dir und in eine Geborgenheit, nach der du schon immer gesucht hast. Sie ist sanft und still, schenkt dir vollkommene Ruhe und eine Gewissheit, dass alles in Ordnung ist, so, wie es ist.

Das bedeutet, dass du dankbar sein kannst für alles, was du dir erschaffen hast. Und für alles, was du dir noch nicht erschaffen hast.
Erlaubst du es dir?

1. Erlaubst du dir, dankbar zu sein für die guten Dinge?
2. Erlaubst du dir, dankbar zu sein für die „Abers“ in dir?
3. Erlaubst du dir, dankbar zu sein für alle Geschenke des Lebens und für das Leben als Geschenk?

2 Kurs in Wundern, Ü-I.122.6:2

Raum für deine Dankbarkeitsliste

Raum für deine Reflexion

Deine Entscheidung

Jetzt ist es soweit.
Du darfst dich und du solltest dich entscheiden.
Entscheiden, dass du jetzt jemanden kennenlernen wirst, der zu dir gehört.
Noch kennst du ihn nicht genau, aber du weißt, dass da jemand ist.
Und du weißt, dass dieser Jemand zu dir gehört.
Und du weißt, dass du ohne diesen Anteil unvollständig bist.

Du entscheidest dich freiwillig, aus und mit freiem Willen.
Ehrlich und aufrichtig und aus dir heraus.

Es gleicht einer Bereitschaft zu einem JA zu Kindern. Wenn man sie hat, kann man sie nicht mehr abgeben. Man ist auf Lebenszeit für seine Kinder verantwortlich, ob man will oder nicht.

Du willst.
Und wenn du nicht willst, dann ist das auch ok, du entscheidest für dich.

Spüre jetzt in dich hinein.

Findest du dein Ja? Dann lies weiter.

Wenn du ein Nein fühlst, sag Ja zu diesem Nein.
Auch das ist gleich viel wert.

Sei dir einfach nur sicher und treffe deine Entscheidung bewusst.

Zweites Kapitel

Hier folgt die Geschichte vom „kleinen wo bist du“.

Du wirst hier alles, was du bis kennengelernt und bearbeitet hast, wiederfinden.
So darfst du dich jetzt einlassen auf deinen Liebesbrief an dich selbst.

Erinnere dich an die Übungen, die du zu Beginn gemacht hast.

Denke an die Liebe, die du empfinden kannst, an die Liebe, die dir begegnet ist, und gib all deine Liebe jetzt an dich und dein „kleines wo bist du“.

Und erinnere dich an deine Entscheidung:

Du hast Ja gesagt.

Du willst alles von dir kennenlernen und zu dir zurückholen.

Und es kann gut sein, dass dein eigenes „kleines wo bist du“ eine andere Sprache spricht, anders aussieht und sich in dir mit anderen Themen zeigt. Das darf sein. Und es soll auch so sein. Aber vielleicht kannst du dich trotzdem diesem „kleinen wo bist du“ öffnen und im Anschluss in den Kontakt zu deinem treten. Denn dann weißt du ungefähr, wie dieser innere Dialog stattfinden kann.

Hab nun viel Freude mit der Geschichte.

Vorwort zur Geschichte

Die Geschichte vom „kleinen wo bist du“ ist für dich geschrieben. Für dich, von dir und an dich gerichtet.
Sie ist alles auf einmal.
Aber als allererstes ist sie eine Liebesgeschichte.
Eine Liebeserklärung von dir und an dich selbst.

Vielleicht fragst du dich, warum eine Liebesgeschichte?

Schließlich werden dir beim Lesen auch mal die Tränen an deinem Gesicht herunterkullern. Und Tränen gehören doch nicht zur Liebe, oder doch?

Ja, sie gehören dazu, genau wie wir manchmal beim Lachen Tränen in den Augen haben. Wenn wir erkennen, wir sehr wir jemanden lieben, dann werden wir oft auch gleichzeitig traurig, weil wir bedauern, dass wir so lange gebraucht haben, um unsere Liebe zu entdecken, zu fühlen.

Und gleichzeitig ist da so viel Dankbarkeit in uns, wenn wir lieben. Liebe und Dankbarkeit haben die gleiche hohe Schwingung.

Die Geschichte ist für alle deine Anteile geschrieben, die du im Laufe deines Lebens vergessen hast, in der Regel sind es ungeliebte Teile, die mit ungewollten Gefühlen in Zusammenhang stehen.

Aber wir brauchen alle unsere Anteile und wir müssen sie alle kennenlernen, um uns ganz zu fühlen. Und wenn wir ganz sind, dann sind wir voller Liebe, voll von Liebe für uns, für das Leben, für die Schöpfung.

Die Folge davon ist, dass wir überall nur uns selbst sehen, in der Natur, in anderen Menschen, in allem, was geschieht. Reine Liebe eben.

Die Geschichte beginnt.

Wo bist Du?

Das „kleine wo bist du“, anders kann ich es noch gar nicht nennen, weil ich nur weiß, dass es irgendwo ist, also existiert.
Mehr weiß ich nicht, weder wie es aussieht noch wie es heißt.

Traurigkeit spüre ich in mir, so tief, dass sie schon wieder flüchtig wirkt. Ja, ich bin traurig, weil ich erahnen kann, wie es sich anfühlen muss, so viele Lebensjahre nicht gekannt zu sein, im Dunklen zu leben, nicht gewollt, und doch da zu sein. Ein Anteil zu sein von jemandem, der nicht vollständig ist ohne dieses Stück, aber dieses Stück nicht kennt.

Ich könnte mich ganz auf dieses traurig sein einlassen und spüre, wie sie mich zu sich zieht, diese Traurigkeit. Fast habe ich Angst, in der Traurigkeit zu versinken.

Wie kann es passieren, einen Teil von sich zu vergessen, nicht zu wissen, dass ein wesentlicher Teil zum ganz Sein fehlt?
Zum Wesentlichen! Wo bist du nur?
Du?

Ich weiß jetzt, dass du zu mir gehörst und dass ich dich so lange vernachlässigt habe, weil ich dich nicht wollte, ohne zu wissen, dass ich dich nicht haben will.
Ich habe gehandelt, ich habe gelebt, ich habe auch geliebt, aber ich wusste nicht, dass du dazu gehörst.

Du wolltest nur geliebt werden.

Ich habe woanders nach Liebe gesucht, im Außen, in Erfolgen, von anderen Menschen wollte ich sie auch. Diese sollten mir Anerkennung und Wertschätzung geben, damit ich meinen Wert erkenne.

Aber das taten sie nicht. Mein ganzes Leben lang nicht. Nur für kurze Momente vielleicht.
Aber sie konnten mir meinen Wert nicht geben, weil sie ein Spiegel waren, hinter dem *du* dich versteckt hast.
Du hast die anderen Menschen in mein Leben gezogen, damit ich bemerke, dass es dich gibt. Du! Du vernachlässigter Anteil von mir.

So viel Wert hast du in deiner Wertlosigkeit.

So bedeutend bist du.

So bedeutsam, dass du viele Situationen in meinem Leben kreiert hast, damit *ich* dich bemerke.
Immer wieder habe ich mich unter Wert verkauft, weil ich deinen Wert nicht gesehen habe, ich wusste ja nicht einmal, dass es dich gibt.
Jetzt weiß ich es.
Ich spüre dieses Wissen so stark in mir.

Und ich nehme deine Kleinheit wahr.

Kein Wunder, dass ich dich als so klein empfinde, für mich warst du auch so unbedeutend. Und ich bedaure es zutiefst.

Du kleines, armes Kindlein.

Wie hast du es nur geschafft, so lange in mir zu überleben?

Wie stark bist du wirklich?

Kaum auszudenken, wie ein kleines unbeachtetes Kind so lange allein sein kann. Ich empfinde so viel Mitgefühl und Liebe für dich, dass ich es in Worten nicht auszudrücken vermag.

Wie verletzt musst du dich fühlen?

Ob du mir überhaupt noch eine Chance gewähren magst?

Sicherlich hast du mir viele gegeben, und ich habe sie alle nicht gesehen. Ich habe *dich* nicht gesehen.
Wie fühlt es sich an, übersehen zu werden?

Wie traurig musst du sein?
Ach bitte, lass mich für dich da sein, bitte, gib mir noch diese eine Chance, dir zu zeigen, dass ich für dich da sein will, egal, wie du aussiehst, egal, wie es dir geht.
Alles von dir möchte ich verstehen, alles möchte ich dir geben. Denn du bist ein Teil von mir und nur mit dir will ich ganz sein.

Du fehlst mir!

Bitte zeige dich.

Ich liebe dich, egal wie du aussiehst. Egal, wie du dich verhältst. Egal, wie du dich fühlst.

Ich erinnere mich, wie sehr ich Bedürftigkeit in anderen Menschen gesehen habe, und ich habe ihnen viel gegeben, viel geschenkt. Oft habe ich gedacht, dass ich tun muss, was diese Menschen von mir wollen. Dass es diesen Menschen besser geht, wenn sie bekommen, was sie zu brauchen meinen.
Dass *ich* sie retten muss.

Was ich nicht gesehen habe ist, dass ich damit meinen eigenen Wert untergraben habe, mich unter Wert verkauft habe, weil ich mich mit meinen eigenen Grenzen weder gesehen noch gezeigt habe.
Ja, ich habe mich verkauft, und dich hergegeben, obwohl du mir so viel hättest geben können.
Ich habe mich nicht wertvoll gefühlt, deswegen habe ich anderen so viel gegeben von mir, damit *sie* sich gut fühlen.
Ich habe nicht bemerkt, wie wertlos *ich* mich selbst gefühlt habe. Wertlos, weil ich ohne Wert war.
Diesen Wert hättest *Du* mir geben können, wenn ich dich gesehen hätte. Dich als einen Teil von mir. Und du bist so unendlich viel in deiner Wertlosigkeit. Das weiß ich jetzt.

Bitte verzeih mir.

Es tut mir leid.
Du bedeutest mir so viel in deiner Bedeutungslosigkeit.
Vielleicht bist du deswegen so unendlich viel wert, weil du keinen Wert bei mir hattest. Bisher. Das soll anders werden ab jetzt, das verspreche ich dir.

Und auch, wenn du dich immer noch nicht zeigst, ich werde auf dich warten, ich werde immer für dich da sein, ich werde dich immer wieder fragen, ob du kommen magst, zu mir.

Ich werde dich fragen:

Wo bist du? Du lieb gewonnener Anteil von mir.

Ich werde warten, jeden Tag eine Zeit lang, und ich warte, bis du so weit bist, dass du mir vertraust.

Ich werde zuhören und all deinen Schmerz mit dir teilen, so lange, bis er weniger wird. Und es ist egal, wie lange das dauert.

Ich werden dich in meine Arme nehmen, wenn du magst, und ich werde auch deinen Wunsch nach Abstand respektieren.

Ich will dich halten, bis du nicht mehr gehalten werden möchtest, und ich werde dich lieben, bis an unser Lebensende.

Wo bist du?

Wo auch immer du bist, du bist bei mir.

Ich liebe dich.

Das „kleine wo bist du“ spricht:

Wahrscheinlich wirst du mich gar nicht wirklich hören, so wie du Worte und Sätze von anderen Menschen zu hören gewohnt bist. Ich mache mich als Gefühl in dir bemerkbar, und du kannst dieses Gefühl, diese Schwingung in deine Worte fassen. Das kannst du gut, das weiß ich. Ich bin so klein, dass ich noch keine Worte habe, diese lernt man erst, wenn man älter ist.
Als du älter warst, hattest du mich bereits vergessen. Wenn man von Vergessen sprechen kann, denn ich würde es eher als Verdrängen bezeichnen.
Du hast mich weggedrängt, weil du dich nie wieder so fühlen wolltest.
Ich bin klein, traurig, wertlos, unbedeutend, ohne Wissen um Wertigkeiten oder Fähigkeiten.
Ich fühle mich ungeliebt, unwillkommen und allein.
Ich fühle mich so verlassen.
Ich habe so viel Schmerz in mir, dass selbst deine Wörter dafür nicht ausreichen. Vielleicht versuchst du es mit Farben und Formen zu beschreiben.

Ich bin dunkel, klein und zusammengekauert, auch dreckig und ungepflegt, und Spuren von Tränen sind auf meinem schmutzigen Gesicht zu sehen. Allerdings kannst *du* sie nicht sehen, weil ich im Dunkeln lebe.
Ein zerfetztes Kleid trage ich, das lag irgendwo herum, gegeben hast *du* es mir nicht.

Wahrscheinlich wird dir jetzt schlecht, und du spürst einen Klos in deiner Magengegend, vielleicht kommen dir auch Tränen vor Entsetzen, vor Mitleid.
Wenn ich wirklich sprechen könnte, würde ich dich beschimpfen und verurteilen, vielleicht würde ich auch einfach still bleiben, weil ich nie erfahren habe, wie es sich anfühlt, gehört und beachtet zu werden.

Du bist es, der mich so vernachlässigt, übersehen und nicht gewollt hat. Wie konntest du nur?

Ich weiß nicht, ob ich dir jemals vertrauen kann.

Überhaupt weiß ich nicht, was Vertrauen heißt, ich habe es nie erlebt.
Und gleichzeitig bin ich so traurig und sehne mich nach dir. Eigentlich unvorstellbar, dass es so ist.
Ich kann es nicht erklären.

Da ist ein Gefühl einer Vorstellung davon wie es wäre, wenn ich einfach nur sein dürfte wie ich bin.
Ich würde liebgehabt werden, einen Platz haben an einem großen Tisch, an dem eine große Familie sitzt.
Ich bin zwar klein und unbedeutend, und doch sehne ich mich so danach, dazuzugehören.
Wenn ich nicht so voller Schmerz wäre und Vertrauen haben könnte, würde ich dich bitten, mich einfach nur zu halten und zu trösten.

Ich bemerke grad, dass sich ein klein wenig verändert.
Ich bemerke deine Bereitschaft.
Und doch möchte ich noch für mich bleiben. Ich will dir erst sagen, was ich empfunden habe, wenn du mir zuhören magst. Und bestimmt werde ich dir Vorwürfe machen. Hältst du das aus?

Ich spüre dein Ja, auch wenn es vorsichtig ist.
Und ich weiß nicht, wie ich anfangen soll.

Auch das darf sein. Ich spüre, was du sagen willst.
Bisher hast du es nur zu anderen Menschen gesagt.
Ja, das darf sein.

Das meintest du auch so, das weiß ich. Und doch konntest du oft nicht unterscheiden, ob die Dinge und Situationen in deinem Leben gut sind, sowohl für dich als auch für mich.
Vielen hast du geholfen, für viele warst du da, für viele hast du dich verbogen, nicht alle haben es zu schätzen gewusst.
Im Gegenteil.
Sie haben das, was du zu geben hattest, verpulvert, wenn es Geld war, und sie wollten immer mehr, du erinnerst dich sicher, welche Menschen ich meine.
Andere haben deine Arbeitsleistung genommen, und dir nicht einen angemessenen Ausgleich zur Verfügung gestellt.

Und da gab es auch welche, die dich gedemütigt haben, und du hast es mit dir machen lassen.
Wieder andere haben dich energetisch ausgelaugt und du hast es zugelassen.
Du hast es nicht bemerkt und dich verausgabt.
Du hast nicht bemerkt, wie gering du dich selbst bewertest in vielen Lebens-Bereichen.
Ich bin dieser Anteil!

Ich bin dieser „NICHTS WERT ANTEIL“.

Weißt du, wie sich das anfühlt? Nichts wert zu sein?

Keiner will mich, du auch nicht.

Ich werde wütend.

Die Wut

Ich bin so froh, dass du mit mir sprichst, auch wenn ich die Worte für dich finden darf.
Ich freue mich auch, dass du wütend bist.

Diese Wut kommt mir bekannt vor, weil ich mich erinnere, dass ich *dich* durch diese Wut gespürt habe, immer wieder.
Mit diesem Gefühl hast du dich in mir bemerkbar gemacht, wahrscheinlich schon viel eher, ich ahne es. Aber es war die Wut, die habe ich gut spüren können, wenn ich erschöpft war.
Dann wusste ich, dass ich über meine Kräfte und Grenzen gegangen bin, obwohl ich vorher immer gemeint habe, dass alles ok für mich ist.
Erst viel später habe ich bemerkt, dass andere Menschen mich benutzt haben, ohne es zu wollen. Und das ist nur mein Vokabular und meine Interpretation.
Ich habe diesen Menschen schließlich angeboten, all das zu tun und zu geben, was ich getan und gegeben habe.
Bis ich am Ende klarsehen konnte, dass es nicht gut war.
Im Grunde war es wie ein Verrat.
Ein Verrat an mir und den anderen Menschen.
Weil ich mich nicht ausreichend berücksichtigt habe und so auch den anderen nicht wirklich helfen konnte.
Ich habe ihnen die Verantwortung abgenommen, die nur sie tragen können.

Jeder ist seines Glückes Schmied.
Jeder muss das Glück für sich finden.
Das kann ich keinem abnehmen.

Und dabei wollte ich doch nur, dass alle glücklich und frei von Leid sind.
Genau wie ich.

Genau wie du.
Dabei habe ich mein und dein eigenes Leid übersehen.

Wie tragisch.

Am liebsten möchte ich jetzt still sein, aber nicht allein.
Ich möchte mit dir still sein und meine erste Verbindung mit dir fühlen.

Auch wenn du noch wütend bist.
Sei es bitte, so lange du Wut fühlst, ich bleibe.
Und ich verstehe.
Ich fühle dich. So unendlich tief.
Lass uns gemeinsam still sein.

Nach einer Weile spricht das „kleine wo bist du“:

Weil du dich nicht unglücklich und wertlos fühlen wolltest, hast du anderen Menschen dieses Gefühl nicht zugestanden.
Du wolltest ihnen heraushelfen, ohne zu erkennen, dass diese Menschen sich nur selbst helfen können, dass sie nur ein Spiegel für dich waren.
Und du hast oft nicht erkannt, dass du ihnen nicht helfen kannst, wenn du *dich* nicht siehst.
Wenn du *mich* nicht siehst!
Mich, der sich wertlos fühlende Anteil in dir.
Ich bin das!

Weißt du, wie ich mich fühle?
Ganz ehrlich: zum Kotzen könnte ich es nennen.

Ich weiß, jetzt schmunzelst du ein wenig. Dieses Wort magst du. Du benutzt es gerne, um Situationen zu beschreiben, die wirklich unerträglich sind.

Ich bin das!

Ich bin derjenige, der dir dieses Wort zuflüstert.

Das Bedauern

Trotz allem muss ich jetzt ein wenig schmunzeln, weil ich eine so liebevolle Verbindung mit dir spüre.
Du bist mir mit deiner Wut und deinem Vokabular so unendlich vertraut.

Und ich mag dich!

Genau, wie du bist, mag ich dich.

Gerade deswegen, weil du so ungefiltert und frei heraus bist.

Jetzt habe ich ein Bild von dir, von diesem Teil in mir, der unendlich wichtig ist.

Ich möchte dich so gerne bitten, einen Platz an meiner inneren Tafelrunde einzunehmen, und ich möchte dir einen Namen geben, der dir entspricht.
Bisher kann ich nur Bedauern spüren, dich so lange nicht berücksichtigt zu haben.
Aber willst du so heißen, du „kleines wo bist du"?
Willst du Bedauern heißen oder Wut?

Irgendwie liebe ich dich mit dem Namen „wo bist du".

Du kleines liebenswertes „wo bist du".

Vielleicht finden wir zusammen noch einen schöneren Namen?
Oder wollen wir bei diesem Namen bleiben?

Wenn ich dich jetzt beschreiben würde, wärest du das süßeste und frechste Kind, das ich je gesehen habe.

Und ich mag dich, wenn du schmutzig bist, bedeutet es doch, dass es dir egal ist, wie du aussiehst. Du magst dich, wie du bist.

Dich kümmert es nicht, was andere von dir denken.
Oder doch?
Natürlich stecke ich dich auch gerne in die Badewanne und ziehe dir ein frisches Kleidchen an, aber du darfst dich auch gerne weiter dreckig machen.
Ich schäme mich nicht für dich, im Gegenteil.
Du lebst dich aus, wie du bist. Und damit bist du mir ein so gutes Vorbild.

Ja, an dir will ich mich ausrichten, an dir möchte ich mich orientieren.
Du fehlst mir.

Die meisten Anteile von mir kenne ich schon und sie haben einen festen Platz an meiner Tafelrunde.
Aber du: du fehlst noch!

Magst du dich dazu setzen, so, wie du bist?

Ich werde dir zuhören.

Wir werden Entscheidungen treffen, die deine Bedürfnisse berücksichtigen. Das verspreche ich dir.

Ich bitte dich.

Und lass dir deine Zeit, wenn du noch Zeit benötigst.
Ich warte.

Meine Arme sind geöffnet nur für dich.

Das „kleine wo bist du“ spricht:

Ich spüre dich und glaube dir, dass du es ehrlich mit mir meinst.
Aber ich weiß gar nicht, wie es ist, wenn ich diesen meinen vertrauten Platz verlasse.
Ich weiß auch gar nicht, ob ich mich bewegen kann.
Und ich bin mir sicher zu wissen, was du jetzt sagen würdest:

„Atme einfach erst einmal tief ein und aus“.

Na gut, das mache ich.

Und dann mache ich meine Augen auf.

Ich werde in deine Richtung schauen.

Traust du dich, in meine Augen zu blicken?

Ein Augenblick

Ich bin aufgeregt und schaue doch ganz erwartungsvoll in deine Richtung.

Ich sehe noch nichts in der Dunkelheit, aber ich ahne, dass du dort bist und gar nicht so weit weg von mir.

Ja, ich will dich anschauen, dir in deine Augen blicken und am liebsten meinen Blick nicht mehr abwenden von dir.

Bitte, öffne deine Augen, schau mich an!

Etwas kleines Weißes leuchtet in der Dunkelheit.

Nein, es sind zwei kleine weiße leuchtende Punkte in der Dunkelheit.

Mein Herz schlägt.
Es ist ein freudiges und aufgeregtes Klopfen.
Es hat ein wenig von Verliebtheit und unsicher sein zugleich.

Ich atme selbst durch.

Ich halte den Blick in Richtung dieser zwei leuchtenden Punkte.

Ich schaue genauer hin.

Und dann wird mir klar:
Es sind Augen, die so leuchten und die ich sehe.

Ich schaue in die Augen von meinem „kleinen wo bist du".

Meine Augen füllen sich mit Tränen, sind es meine oder deine?

Sind es unsere?

Ich bin so dankbar, dass du dich verbindest mit mir, in diesem einen Augenblick.
Ich halte ihn.
Ich halte dich.

Nie mehr lasse ich dich los!

Ein Augenblick Unendlichkeit.

Zum Abschluss

Nachwort

Lass diesen Augenblick so lange wirken, wie du es brauchst und wie du ihn halten kannst.
Lass deine Gefühle bewusst durch deinen Körper ziehen, ohne sie festzuhalten und auch ohne sie wegzudrängen.
Lass alles fließen, was kommt.
Einiges wirst du verstehen, anderes nicht.
Das muss auch nicht sein.

In der kommenden Zeit werden dir vielleicht Bilderszenen aus vergangenen Situationen erscheinen, vielleicht im Traum oder zwischendurch, auch diese Szenen können sich intensiv in dir anfühlen. Lass es zu, so gut es geht.
Vieles wird sich in der Folge neu ordnen und du wirst an dir beobachten, dass du bewusster und achtsamer Entscheidungen triffst. Genieße dein neues Seins-Gefühl.

Und beachte folgendes:
Verabrede dich immer wieder mit deinem „kleinen wo bist du", jetzt im Anschluss an diese Geschichte recht häufig und täglich, danach werdet ihr neue Vereinbarungen treffen können.

Bleib immer achtsam, voller Mitgefühl für dich und vergiss niemals dein Versprechen:
Du bist und bleibst für dein „kleines wo bist du" verantwortlich und wirst es lieben bis an euer Lebensende. Denn dein „kleines wo bist du" bist du selbst, den du verloren zu haben glaubtest.

Deine Reflexionen

Ich lade dich ein, alles, was du erlebt und erfahren hast, festzuhalten und zu reflektieren.
Auch, was dir an Glaubenssätzen über dich und andere begegnet ist.

Gehe dabei bewertungsfrei an die Sache heran und verurteile dich nicht für negative oder einschränkende Gedanken.
Du weißt doch jetzt, dass so etwas zum Leben dazu gehört und es nicht besser wird, wenn du es leugnest.
Viel konstruktiver kann es sein, wenn du alles, was dir an Gedanken und Emotionen begegnet, beobachtest und sogar zu dir einlädst. Dann kannst du dir alles anschauen.

Wenn du eine Stufe weiter gehen magst, darfst du beginnen, Gedanken und Glaubenssätze zu hinterfragen, also zunächst einmal vorsichtig ein Fragezeichen an jedes Denkmuster zu setzen. Damit erkennst du an, dass es grundsätzlich möglich ist, dass etwas nicht wahr sein kann, was du jedoch bisher für wahr gehalten hast.

Zum Beispiel gibt es typische Glaubenssätze, die wir wahrscheinlich alle kennen:

- Meine Mutter hat mich nicht genug geliebt
- Ich wurde schlechter behandelt als meine Geschwister
- Mein Partner ist nicht genug für mich da
- Meine Freunde kümmern sich nicht genug um mich
- Ich bin nicht gut genug
- Ich muss für andere da sein, damit ich von Wert bin
- Ich muss tun, was andere von mir verlangen

Kennst du sie?

Sie alle steuern unser Verhalten und bewirken destruktives Denken und Handeln, in der Regel uns selbst, aber auch anderen gegenüber.

Lasse in dir die Bereitschaft entstehen, dass es möglich ist, dass diese Gedanken nicht stimmen. Allein die Erkenntnis kann ein Gefühl von Befreiung auslösen.

Zudem möchte ich dir mitgeben, dass jeder, ob Eltern, Freunde, Partner oder die eigenen Kinder, immer ihr Bestes geben.
Mehr geht eben manchmal nicht, auch, wenn wir mehr erwarten und von ihnen fordern.

Wenn wir bereit sind, loszulassen von unseren Vorstellungen von richtig, besser oder falsch, dann schaffen wir eine Grundlage für unseren Frieden und damit auch für Frieden mit unserer Umwelt.

Wie auch immer sich dein „kleines wo bist du“ zeigt, es signalisiert dir nur, dass es noch Glaubenssätze über dich und die Welt in dir gibt, die du anschauen und überprüfen darfst. Und so lange du nicht mit allem und jedem in Frieden bist, wird diese innere Arbeit nötig sein. Du wirst es spüren in deinem Körper, und du weißt jetzt auch, wie du diese Signale wahrnehmen kannst. Wohlsein und Unwohlsein sind zu unterscheiden. Und auch, wenn es bisweilen unangenehm ist, sich selbst im Spiegel zu betrachten, ist es doch um ein Vielfaches schöner und angenehmer, mit sich selbst Frieden zu schließen und Ungeliebtes in den Arm zu nehmen, oder?

Begleitinformation

Vielleicht hast du schon vom Konzept des Inneren Kindes gehört, es gibt ja viel Literatur dazu.
Vielleicht hast du auch schon selbst Beratung oder Therapie in Anspruch genommen, und dir ist dabei klar geworden, dass es viele ungeliebte Anteile in dir gibt.
Du musst sie auch nicht inneres Kind nennen, aber du darfst.

Auf jeden Fall sind es Teile von dir selbst, die du nicht mochtest und deswegen verstoßen hast. Oft passiert dies durch tiefe Verletzungen oder traumatische Erfahrungen. Diese Traumata können für andere klein und unbedeutend sein, aber für dich waren es tiefe Verletzungen.

Zum Beispiel kann passiert sein, dass jemand über dich gelacht hat, weil du etwas nicht wusstest, und du hast dich dadurch klein, unbedeutend und vor allem bloßgestellt gefühlt.
Das war sehr unangenehm und du hast entschieden, dass du nie wieder so ein Gefühl haben willst.

In der Folge führte diese Entscheidung dazu, dass du Strategien entwickelt hast, um solche Situationen zu meiden oder dich anders darzustellen, als du eigentlich bist.
Du hast begonnen, Rollen zu spielen, dich zu verstecken, zu schauspielern, Gefühle zu verleugnen. Das alles, ohne dass es dir bewusst war, denn du hattest längst vergessen, dass du eine derartige Entscheidung getroffen hast.

Ein weiterer Hinweisgeber für verdrängte innere Anteile sind Überreaktionen. Du selbst reagierst also in bestimmten Situationen ganz sensibel, bewertest dies selbst aber nicht so. Diese Bewertung hörst du von Anderen.

Das können zum Beispiel Situationen sein, in denen du dich benachteiligt oder nicht beachtet fühlst. Du erwartest in solchen Situationen unbewusst von Anderen, dass sie alles für dich tun und dass sich alles nach dir ausrichtet.
Die Anderen tun das in der Regel jedoch nicht, und so kann schnell Streit oder Unzufriedenheit entstehen. Eine impulsive Überreaktion entwickelt sich daraus gerne.

Solche Reaktionen werden oft von diesen ungeliebten Anteilen initiiert, die dadurch Beachtung einfordern.
Sie machen das natürlich auf ihre ganz eigene und komische Art, so dass es oft sehr schwerfällt, diese Anteile wirklich ins eigene Herz zu schließen.

Aber letztendlich sind sie nur verletzte und verstoßene Teile von dir selbst.
Du könntest sie auch abgespaltene Gefühle von dir nennen. Denn oft steckt Angst und Unsicherheit dahinter. Angst vor Zurückweisung, vor Geringschätzung, vor Misserfolg; Unsicherheit, sich zu zeigen in allem, was man denkt und fühlt. Also im Grunde die Angst oder Unsicherheit davor, ganz authentisch zu sein.

In der Psychologie nennt man authentisch sein auch kongruent sein, was bedeutet, dass dein Verhalten ganz mit deinem inneren Sein übereinstimmt, also stimmig ist.

Voraussetzung für kongruentes Verhalten ist natürlich, dass du dich und deine inneren Stimmen kennst. Und dein Verhalten mit diesen inneren Stimmen übereinstimmt.
Dafür ist in der Regel einige innere Arbeit notwendig.

Es dauert einfach seine Zeit, bis man sich ganz kennengelernt und vor allem lieben gelernt hat. Mit allem, was zu einem gehört!

Und dafür müssen wir uns trennen von Vorstellungen, die wir fast immer von anderen oder der Gesellschaft übernommen haben.

- Wie man zu sein hat, wenn man beliebt sein will.
- Wie man zu sein hat, wenn man erfolgreich sein will.
- Wie man zu sein hat, wenn man schön sein will.

- Wie man zu sein hat, wenn man geliebt werden möchte.
- Wie man zu sein hat, um dazuzugehören.

Eigentlich bedürfen alle Konzepte der Überprüfung.
Mit Konzepten meine ich deine Glaubensvorstellungen und Muster deines Denkens.

Irgendwann wirst du feststellen, dass du dich an Glaubenssätzen orientiert hast, die deiner Überprüfung nicht mehr standhalten können. Und dann kannst du dich von ihnen lösen. Im Grunde lösen sie sich von selbst auf.
Und dann siehst du klar.

Du siehst aber nur dann klar, wenn du vorher Verantwortung für diese inneren Anteile übernommen hast, wenn du also bereit bist, JA zu sagen in dem Sinne: „JA, all das gehört zu mir“, oder „Ja, ich habe grad Angst oder bin unsicher“, und „Ja, ich kann dazu stehen, dass ich mich grad nicht wohl fühle, mit was auch immer.“
Die Übernahme von Verantwortung ist wie ein Liebenlernen von dir selbst. Du beginnst, dich zu lieben mit allen Gefühlen, weil du weißt, dass sie wichtig sind, damit du in Frieden bist und aus diesem inneren Frieden heraus handeln kannst.

Genauso ist es mit den ungeliebten und vergessenen Anteilen, wie dem Nichts-Wert-Anteil, bei dem es hier in der Geschichte geht.

Wenn du weißt, dass dieser Anteil zu dir gehört und du ihn brauchst, dann willst du ihn unbedingt wiederhaben und bedauerst es zutiefst, dass du diesen Teil von dir in einem unbewussten und längst vergessenen Moment verstoßen hast.

Aber auch dieses Verstoßen oder Wegschieben bedarf der Anerkennung, denn in dem damaligen Moment war dies deine Rettung.
Sonst wäre alles zu viel für dich gewesen.
Du brauchtest es damals, um zu überleben.

Aber jetzt, als Erwachsener, kannst du neu entscheiden und Verantwortung übernehmen.

Und dafür ist diese Geschichte gut, denn sie kann dir den Weg weisen hin zu einem lieben „kleinen wo bist du“, einem Anteil in dir, der nach Verbindung ruft und dir viel Wertvolles bringen möchte.

Sei herzlich gegrüßt.

Ines

Weiterführende Literatur

Wer wäre ich ohne mein Drama, Byron Katie

Das innere Kind in dir muss Heimat finden, Stefanie Stahl

Die fünf Sprachen der Liebe, Gary Chapman

Literaturverzeichnis zu den Fußnoten

Ein Kurs in Wundern, Textbuch, Übungsbuch, Handbuch für Lehrer, Greuthof Verlag und Vertrieb GmbH, 9. Auflage 2010

Danksagung

Liebe Gitte, ich bin dir unendlich dankbar für deine vielen Anregungen und Hinweise. Du hast das Buch nicht nur Korrektur gelesen, du hast es gefühlt. Danke!

Über die Autorin

Ich bin Psychologin und Yogalehrerin, liebe die westlichen Theorien und die östlichen Weisheiten. Ich mag es sehr, in Harmonie und Frieden zu sein.

Dieser Frieden entsteht, wenn ich bereit bin, Unharmonisches in mir zu erkennen und zu fühlen. Denn es hat immer eine Botschaft im Gepäck, die wichtig ist. Wenn ich genau hin fühle, leitet sie mich zu dem Ort in mir, wo der Frieden und das Glück auf mich warten.

Kontakt zur Autorin:

Ines Maiwald (Leue)

Maiwald.ines@gmx.de

www.inesmaiwald.de

ines.leue auf Instagram

Diese 2 Bücher sind ebenfalls von mir

22 Seelenreisen in dein Zuhause in dir

ISBN: 978-3-96738-257-0

Die Seelenwärmer Apotheke

ISBN: 978-3-96738-165-8

Anhang

Eine Leserin bat darum, mehr über die Autorin zu erfahren ☺

Wenn du mehr über mich wissen magst, kannst du meine Internetseite besuchen und dort herumstöbern. Regelmäßig veröffentliche ich auch etwas über meinen Blog. Zudem kannst du auf instagramm schauen und die täglichen Beiträge lesen.
Wenn du Fragen hast oder dich für ein persönliches Gespräch interessierst, schreib mir gerne unter der genannten Kontaktinfo.

Hier im Anhang habe ich noch zwei weitere Texte ergänzt, die ich sehr mag und besonders anrührend finde.

Der <u>erste Text</u> ist ein Liebesbrief an die Dunkelheit. Er richtet sich an das Dunkle und Unbekannte in dir.
In der Regel ist das Dunkle ungewollt. Deswegen mag es auch eine düstere Stimmung hervorrufen. Wenn es bei dir passiert, spüre diese Schwingung einfach, ohne dem mehr Raum zu geben als nötig.
Das Dunkle ist alles, was du nicht greifen kannst, was aber doch da ist, was du nicht verstehst, was dich jedoch immer wieder auffordert, hinter deine Fassade zu schauen.
Wenn du hinschaust, hinein ins Dunkle, eröffnen sich ungeahnte Möglichkeiten, Frieden zu schließen mit allem, was zu dir gehört.
Es sind die Schätze, die du heben darfst und mit denen du belohnt wirst, wenn du dich traust, tief in das Dunkle in dir hineinzuschauen.

Der <u>zweite Text</u> thematisiert die Suche nach der Quelle in uns. Hier geht es um das Verbinden auf tiefster oder sogar höchster Ebene. Auch dieser Text ist wie ein Liebesbrief geschrieben.

Dir viel Freude damit!

Regenbogen in der Dunkelheit

Ich bin draußen und schaue in ein himmlisches Spektakel hinein. Ein Teil des Himmels ist dunkel, ein anderer hell. Dazwischen ein Regenbogen in schillernden Farben.
Über allen Farben liegt ein Schleier von Dunkelheit, und doch sind die Farben gut zu erkennen. Wie bei einem Kristall, der klar und rein wie durchsichtiges Glas beschaffen ist, leicht rot erscheinen würde, wenn ein rotes Tuch über ihm liegt.
Der Kristall bleibt, wie er ist, auch unter dem farbigen Tuch.
Und man kann ihn erkennen, wenn man genau hinschaut, wenn man sich auf die Schönheit einlässt, die darunter liegt und sich nicht von der Farbe des Tuches ablenken lässt.

Genauso sieht dieser Regenbogen in der Dunkelheit aus.

Ein Bogen aus Farben, der eine Verbindung schafft zwischen Tag und Nacht.

Je mehr ich meinen Blick aus der Dunkelheit löse, desto strahlender sind die Farben zu erkennen, desto mehr leuchten sie in ihrer ganz eigenen Schönheit.

Ich bemerke, dass ich mich aus der Dunkelheit befreien kann, wenn ich mich auf die Farben konzentriere.
Aber will ich das?

So vertraut ist mir die Dunkelheit, auch wenn sie dazu führt, dass die Farben blass erscheinen mögen.
Ich weiß ja, dass sie strahlen, und ich könnte das Strahlen sehen, wenn ich mich auf das Strahlen ausrichte.

Die Dunkelheit ist mir lieb geworden, sogar vertraut.
Manchmal viel vertrauter als die Farben.

Und die Dunkelheit gehört doch auch zum Leben, oder?

Der Regenbogen zeigt mir die Antwort, denn er zieht aus der Dunkelheit ins Licht, seine Farben strahlen in unterschiedlicher Intensität, je nachdem, wo ich hinschaue.

Die Dunkelheit ist ein wichtiger Aspekt in diesem Schauspiel.
Wenn es sie nicht gäbe, wäre es nur halb so schön.

Ich liebe die Dunkelheit.

Denn nur, weil es sie gibt, kann ich das Helle überhaupt wahrnehmen.

Ich möchte das Helle nicht überbewerten, wie so viele Menschen. Sie haben Angst vor der Dunkelheit, vor dem Unbekannten, vor dem Unkontrollierbaren.
Auch vor dem Fallenlassen ins dunkle Nichts hinein.

Ich nicht.
Ich liebe es.

Das Dunkle ist ein Teil des großen Ganzen, der dieses Ganze erst ganz macht.
Aus welchem Grund sollte es nicht gleich viel wert sein?

Ich möchte dir sagen, liebe Dunkelheit, dass ich dir so dankbar bin, dass du dich zeigst, in deinen vielen schönen Farben.

Denn nur, weil du bist, kann ich wirklich sein.

Du machst etwas vollständig und eröffnest mir Räume, die ich ohne dich gar nicht öffnen würde.

Nur mit dir kann ich in die Tiefe gehen, tief fallen und gleichzeitig in ungeahnte Höhen aufsteigen.
Wie als wenn ich dann selbst die Tücher entferne, die auf den bunten Kristallen liegen.

Nur mit dir sehe ich den Regenbogen in seiner ganzen Pracht, in seiner unendlichen Schönheit.
Er steigt aus dem Dunklen und Verhüllten hinter dem Horizont auf und zeigt sich in immer intensiver werdenden Farben am Himmel wie auf einer Leinwand, die nur das Leben so schön bemalen kann.

Ich danke dir, liebe Dunkelheit, denn nur mit dir kann ich diese bunten Lebensfarben sehen.

Das Bunte im Leben, das genauso da ist, wenn es mir schlecht geht, wenn ich mich nicht wohl fühle, wenn ich krank bin, wenn ich alleine bin, wenn ich einen Misserfolg erlitten habe, wenn ich mich ungeliebt fühle.

Dies alles macht einen wichtigen Farbkleks im Leben aus, der fehlen würde in dem Regenbogen, der aus der Dunkelheit ins Licht zieht.

Ich schaue dir dankbar nach, du schöner Regenbogen in der anbrechenden Dunkelheit.

Die Suche

„Ich suche nur, was in Wahrheit mir gehört."
(Ü-I.104, Ein Kurs in Wundern)

Als ich diesen Satz gelesen habe, habe ich kurz innegehalten und nachgespürt.
Denn es fühlt sich überhaupt nicht so an, dass das, was ich suche, mir gehört.
Denn warum sollte ich es dann suchen?
Ist es eine bestimmte Form von Vergesslichkeit, dich mich nicht erinnern lässt, wo ich das, was ich suche, versteckt habe?

Das könnte stimmen. Denn ich erinnere mich nicht.
Mir war auch nicht klar, dass ich auf der Suche bin.

Andererseits lässt es mich hellhörig werden, denn das Gefühl der Sehnsucht kenne ich schon in mir.
Irgendetwas in mir sehnt sich nach irgendetwas.

Das sind zwei Fragezeichen.
Denn ich kenne weder das eine noch das andere Irgendetwas.
Wie X und Y in der Schule.

Aber da ist auch eine Variable, die ich genau bestimmen kann, wenn ich unterstelle, dass der Satz stimmt.

Das, was ich suche, gehört in Wahrheit mir.

Es gehört mir und es ist wahr.
So drehe ich es mal herum.

Es lässt mich ruhiger werden, dass ich weiß, dass dieses Etwas mir gehört, auch wenn ich noch nicht weiß, was ich genau suche. Ich spüre nach.

Ich erinnere mich, dass ich oft sage, dass ich mir Frieden wünsche, wenn sich Menschen streiten.
Ich erinnere mich auch, dass ich mir und anderen oft Gesundheit und Freude wünsche.
„Geht es dir gut?“ frage ich oft und wünsche mir, dass die Menschen mit Ja antworten.

Andererseits ist diese Frage auch eine Einladung an mein Gegenüber, mit mir ins Gespräch zu kommen, wenn es ihm eben nicht gut geht.
Denn ich glaube, dass der Austausch und die Verbindung miteinander sehr wohltuend sind.

Und so wird mir klar, dass ich mir auch Verbindung wünsche. Verbindung mit anderen Menschen.
Überhaupt ein „in Verbindung sein“.

Ist es das, was ich suche und was mir in Wahrheit schon gehört?

Bin ich bereits in Verbindung?

Und habe ich vergessen, mit wem oder was genau?

Auch darüber spüre ich nach.

Natürlich bin ich mit dir in Verbindung, wenn ich dich anspreche.

Ich bin auch mit dir in Verbindung, wenn ich an dich denke.

Ich bin mit dir in Verbindung, wenn ich ganz still bin und lausche.

Ich bin mit dir in Verbindung, wenn ich die Verbindung suche.

Die Verbindung ist immer da.

Bewusst ist sie mir oft nicht, weil ich sie für selbstverständlich halte.

Und wer ist dieses Du?

In erster Linie denke ich an die lieben Menschen in meiner Familie und in meinem Freundeskreis, auch an alle Menschen, mit denen ich zusammenarbeite und mit denen ich ganz aktiv in Verbindung gehe, damit ich sie besser verstehe.

Dieses Du ist aber so viel mehr.

Es ist etwas in mir, was mit mir in Verbindung ist.

Es ist etwas Großes, denn es fühlt sich groß und unermesslich in mir an.

Durch das Nachspüren und Nachsinnieren wird es mir klar.

In mir ist etwas, das wie ein Anker wirkt.
Auch wie ein Tank, an dem ich auftanken kann und der komischerweise nie leer wird.

Ich schließe meine Augen und spüre diese Quelle ganz deutlich.

Manche würden sie Gott nennen, das weiß ich.

Andere würden sich mit diesem Begriff schwertun.

Ich glaube, dass es egal ist, wie dieses Etwas heißt.
Denn es gehört in Wahrheit mir.

Und es gehört dir, wenn du daran glaubst und dir eingestehen magst, dass du es auch suchst. Und dass du es finden möchtest.